KB220123

法華經 名句選集

법화경 명구선집

현중 성지 편저

㈜이화문화출판사

『법화경 명구선집』을 발간하며

묘법연화경은, 실상묘법연화경(實相妙法蓮華經), 일승묘법연화경(一乘妙法蓮華經)이라고도 불리며, 예로부터 모든 불교 경전들 중의 왕으로 인정받았습니다. 여러 민족에게 애호되었던 묘법연화경은 서북 인도에서 최초로 만들어졌고, 2차에 걸쳐 증보되었으며, 우리나라에서는 여러 종류의 한역본 중 구마라집(鳩摩羅什)이 번역한 묘법연화경 8권이 가장 널리 보급, 유통되었습니다.

묘법연화경은 총 7권 28품을 크게 두 가지로 나눌 수 있으니 적문(跡門) 14품은 인간 석가가 이 세상에 태어나 중생을 교화한 일대사 인연 방편과 진실을 밝히고, 나머지 14품은 본원불교를 밝히고 있습니다. 묘법연화경은, 28품의 글과 게송 가운데 온갖 공덕이 갖추어져 있어 읽고 외우고 받아지니고 믿고 해설하는 사람은 부처님의 입으로부터 태어나 부처님의 옷을 입고 보현보살의 수호를 받아 모든 마귀의 뇌란을 없애고 세간을 탐하지 아니할 것이며, 마음과 뜻이 곧아 바른 생각을 가져 복덕이 있다고 하였습니다.

설사 글귀나 게송을 잃어버리더라도 가피로서 통달하고 오래지 않아 보리도량에 나아가 대각을 얻고 법륜을 굴리게 될 것이다 하였습니다.

『법화경 명구선』은, 거룩한 진리가 아름다운 문장 속에 비유 인연 등으로 장엄되어 있는 법화경의 명구들을 간결히 정리하여 그 핵심을 일목요연하게 파악할 수 있도록 하였습니다. 아울러 한문 법화경의 명구들을 선별하고, 그에 대한 상세한 해설을 병기함으로써 법화경의 더 깊은 뜻을 알 수 있도록 하였습니다.

그러므로 『법화경명구선』은 독자들로 하여금 법화세계의 정도를 향하는 분명한 안내자가 될 것으로 감히 생각해 봅니다. 바라건대, 『법화경명구선』에 부족하거나 미흡한 부분을 지적하여 주신다면 더욱 더 좋은 책이 될 수 있도록 반영할 것을 약속드립니다.

끝으로 많은 분들이 『법화경명구선』을 통하여 성불하시길 두 손 모아 빌며 발간의 말씀에 갈음합니다.

2017년 1월

편저자 현중 성지 識

『법화경명구선집』 발간을 축하하며

많은 사람들이 불경을 어렵다고 하며 가까이하지 않는 것 같습니다. 그러다 보니 근래에 이르러서는 성불을 위한 정진은 아예 생각할 것도 없이 개인 이력의 종교란에 "불교"라고 적는 용도에 그치는 예도 볼 수 있게 되었습니다. 소승은 이러한 현실을 안타깝게 생각하고 삼십여년 동안 불교의 대중화와 현대화, 그리고 포교 일념으로 적지 않은 불교경전을 국역 출판하였습니다. 이에 금번 『법화경명구선』이 발간된다 하니 오랫동안 희구하던 동반을 만난 것 같아 반갑고 고마운 마음 금할 길이 없습니다.

묘법연화경(법화경)을 두고 그것을 쉽다고 하는 사람과 어렵다고 하는 사람으로 나누어지지만 법화세계에 깊이 들어갈라치면 평이하게 접근할 수 없는 것임을 느낄 것입니다. 부처님께서 법화경의 여러 곳에서 말씀하셨듯이, 법화경은 불교에 있어서 최고의 수준에 이른 사람들만을 위한 가르침이며, 늘 마음속에 간직해 두었던 최상의 가르침이고, 부처님께서 열반을 앞두고 최후의 유언으로 전해주신 가르침이기 때문입니다. 묘법연화경의 '묘법'이 뜻하는 바, '묘'란 온갖 형용을 초월해서 모든 말의 의미로는 다 말할 수 없는 깊은 것, 의미 있는 것을 말하는 것이죠. 그러니 쉽지 않은 것은 당연한 귀결입니다.

『법화경명구선』은 만고에 변하지 않는 절대의 진리 법화경의 말씀 중에서 명구를 엄선하여, 각각의 한문 문장에 한글 토를 부가하고 해설을 수록하였습니다. 따라서 『법화경명구선』은 독자들로 하여금 심오한 법화경의 고갱이를 찾을 수 있는 지름길이 될 것이며, 그 내용 또한 보다 용이하게 접근하도록 도울 것입니다. 소승은 이에 『법화경명구선』의 발간을 더더욱 기뻐하며, 법화경을 처음 접하는 분은 물론 불교의 진리를 탐구해 가는 많은 대중들에게 널리 추천하는 바입니다.

모든 이들이 『법화경명구선』을 통하여 이러한 법화정신을 깨닫고 연구정진하여 남에게 전해주며 생활 속에서 실천함으로써 깨달음의 경지요 불국정토를 이루시길 바랍니다.

아무쪼록 독자 여러분 모두 법화경을 바르게 이해하고, 부처님의 소중한 말씀을 널리 전해서 이 사바세계가 부처님 자비 가득한 깨끗한 세상이 될 것을 바라며 축하의 말씀에 대신하는 바입니다.

2017년 1월

금강선원 총재 활안

『법화경명구선집』 발간을 축하하며

법화경은 진리의 핵이요, 우주의 절대적 생명이며, 부처님의 묘법이다. 따라서 법화경이 빛을 내면 우주의 기운이 청정해지고 세상이 편안하고, 가정이 행복하고, 내가 즐겁고, 모두가 기쁘게 된다. 우리는 법화경의 가르침을 통해서 삼세 부처님의 참된 모습을 친견할 수 있고, 무량한 설법을 들을 수 있으며, 부처님의 지혜를 배울 수 있다. 아울러 법화경의 위신력을 통해서 생명의 참된 모습을 보고, 생명의 참된 소리를 들으며, 생명의 참된 힘을 쓸 수 있다.

그동안 소승은 부처님의 큰 뜻을 받들고 정법을 선양하기 위해 여러 실천 수행을 널리 권하여 모든 생명에게 참된 이익과 편안한 행복을 주고 무량한 자비와 사랑을 베풀어 세계평화에 정신적 개화의 꽃을 피우고자 노력하여 왔다. 그 방편으로 법화경의 보급에 많은 노력을 기울여 온 바, 한글·한문·영문 및 몽골어·인도어 등의 법화경을 출판하고, 많은 이들이 법화경 사경을 할 수 있도록 자료를 보급함은 물론 박물관 착공과 함께 비림 조성을 위한 입비 불사에까지 착수하였다.

법화경의 주옥 같은 명구만을 초록한 『법화경명구선』을 출간하게 되어 반가운 마음을 금할 수 없다. 이 소망스런 『법화경명구선』의 출간은 부처님의 전법 혜명을 받들고자 하는 소승과 온전히 뜻을 같이 하기에 감사한 마음 또한 자못 크다.

이 『법화경명구선집』이 온 세상에 널리 전해져서 가정 가정마다 법화경 명구 작품들이 집안의 기운을 상승시켜 모든 중생들이 항상 맑은 지혜로 행복하게 살기를 발원하며, 또한 진리의 꽃·깨달음의 향기가 충만하여 전쟁과 기아와 질병이 없는 깨끗한 세상이 되기를 두손 모아 바라는 바이다.

2017년 1월

법화정사 회주 도림

『법화경명구선집』 발간을 축하하며

법화경은 부처님께서 맨 마지막에 설하신 가장 심오한 경전으로, 이 경을 설할 때 하늘에서 꽃비가 내렸다 합니다. 10만8천14자인 이 경은 우주 만휘군상 제법실상을 상세히 밝히고, 생명의 존엄성에 대한 깊은 성찰과 불교의 정수를 담고 있습니다. 대승 불교 전통에서 가장 널리 읽혀온 경전의 하나이며, 진리의 대서사시로서 존중되어 오고 있습니다.

법화경은 널리 알려지긴 했어도 그 내용이 난해하여 접근이 어렵지만 이 선집은 경전에서 사상의 핵심이 되는 대목들을 발췌해 원문 그대로의 의미를 전하면서, 일반인들이 쉽게 접근할 수 있도록 해설을 붙여 전체의 이해를 도왔다는 점에서 매우 기쁘며, 법화경의 진수만을 엮어 지혜로 인도하는『법화경 명구선집』을 발간하게 된 것을 뜻 깊게 생각합니다.

우리는 도덕성의 상실, 이념의 갈등, 소통의 부재로 인해 정신적 공허함과 삶의 부조리를 느끼며 살고 있습니다. 인간은 '어디서 와서 무엇을 위해 이 세상에 태어났는가' 그리고 '어디로 가는가'라는 살아가는 의미에 대한 정신적 공허함을 채우고 절망에서 희망으로 인도하는 지혜를 구하고 있습니다.

법화경에는 일념삼천(一念三千) 사상이 있습니다. 인간의 삶과 죽음, 행복과 불행도 모두 평상심 속에 삼라만상(森羅萬象) 모든 것을 포함하고 있다는 가르침입니다. 한 사람의 한 마음 가운데 모든 세계가 갖추어져 있다는 뜻이며, 한 인간의 가능성과 존귀함을 가르친 철학이라고도 할 수 있습니다.

비교종교학 민희식 교수는 세계인의 베스트셀러 성경 신약성서가 법화경에서 베껴서 쓰여져 기독교의 뿌리가 불교라는 사실을 입증하여 불교계에 자부심을 안겨주었습니다.

소승의 시자로 올곧은 수행을 해온 현중 스님은 불교언론 발전을 위해 노력해왔고, 방대한 법화경에서 명구를 초록하여 불자 외에도 인연 있는 많은 이들에게 영원히 변치 않는 진리의 길로 인도하는 법화행자로 거듭나니 부처님 가피에 감사 드립니다.

인연 있는 많은 분들이 『법화경 명구선집』으로 번뇌를 비우고 불성을 일으켜 세세생생과 불멸후에도 부처님 수호를 입으시기를 바랍니다.

2017년 1월
신촌 봉원사 주지
영산재보존회 회장
선암 합장

『법화경명구선집』 발간을 축하하며

법화경은 모든 경전 가운데 왕이다. 화엄경이 신불교의 성전이라면 법화경은 구불교의 모든 사상을 종합 통일한 법전(法典)이다. 한 구절을 읽고 한 글자만 써도 누구나 성불할 수 있다 하고, 법문 듣는 자리를 한 번 권한 인연으로 도리천의 제석천왕이 되었다는 설화도 있다.

불교계는 불교정화운동 이후 불교 각 종단에서 금강경과 화엄경을 소의경전으로 삼아왔다. 법화경은 삼십여년 전부터 사경운동이 전개되어 전국의 법화행자들의 활동으로 법화경의 위신력 있는 진가가 펼쳐지고 있다. 문화계에서도 법화경에 관하여 관심이 높아지고 있지만 불교경전이기에 일반인들에게 이해되기에는 어려움이 많았다. 이에 사찰의 주련과 현판 등, 서예작가들은 물론 일반인들에게도 도움이 될 수 있는 법화경만의 명구가 필요하였다. 그런 뜻에서 『법화경 명구선집』의 발간은 참으로 반가운 일이 아닐 수 없다.

실로 법화경 본문은 말할 것도 없지만 세계 각국의 유명한 학자들의 명구를 모아 놓고 보니 마치 법화경 사전과 같은 느낌이 든다. 신라 때 원효대사는 법화경 사상으로 3국 통일의 기초를 만들어 놓았고, 고려 때 대각국사는 천태종을 창종하여 호국안민의 기틀을 다져 놓았다.

남북이 분열되고 동서불신이 고조되고 있는 이때 한 글자 한 글자 법화경 명구들을 써 가면 오늘 이 시대 우리가 무엇을 어떻게 해야 할 것인가 하는 답변이 나오지 않을까 생각한다.

아무쪼록 이를 통해 지난날의 업장을 녹이고 현생의 복업을 성취하여 나라가 태평하고 세계가 평화롭게 되기를 손 모아 빈다.

2017년 1월
동방연서회 회장
구당 여원구

일 러 두 기

'법화경'은 '화엄경', '열반경'과 더불어 대승불교의 수승한 사상을 전하는 경전으로 부처님이 세상에 출현하는 일대사인연을 밝히고 있을 뿐 아니라 부처님이 쿠시나가라에서 반열반을 보인 것은 중생제도를 위한 방편이었다는 구원실성의 가르침을 펴서 다른 경전들과 달리 불자들의 절대적 신앙을 강조하는 경전이다.

그러나 '법화경'을 읽는 것이 그리 녹록치는 않다. 초기불교 이래 부처님의 모든 가르침을 전승하면서도 대승불교의 공(空) 사상 등이 모두 망라되어 있어 기초지식 없이 접하기엔 어려움이 많다. 특히 인도불교에서의 각종 인명과 지명은 물론 초기불교 이래 대승불교에 이르기까지의 각종 교리용어 등이 두서없이 등장하고, 고대 서사시의 성격이 농후한 경전의 기술방식에는 수없는 반복과 비유 · 암시 등이 혼재해 있어 일견 지루함을 느끼기도 하기 때문이다.

그래서 '법화경 명구선집'은 일반인들이 쉽게 접근할 수 있도록 대표적인 문구를 가려 뽑고 해설을 덧붙였다. 책은 경전에서 사상의 핵심이 되는 대목들을 발췌해 원문 그대로의 의미를 전하면서, 거기에 해설을 붙여 경전 전반의 맥락을 놓치지 않으면서도 전체를 이해할 수 있도록 편집하였다.

법화경은 원래 총 28품으로 구성되어 있으나 본서는 앞에서 밝혔듯이 반복되는 내용의 중복을 줄이고 뜻이 좋은 문구를 선별하여 찾기 편하도록 우리말 가나다 순으로 정리하여 수록하였다.

편저자

목 차

가섭 (迦葉) ………………………… 33
감응도교 (感應道交) ……………… 33
다같이 성불한다 (皆共成佛) …… 34
개공성불도 (皆共成佛道) ………… 34
개삼현일 (開三顯一) ……………… 34
개성불무의 (皆成佛無疑) ………… 35
개순정법 (皆順正法) ……………… 35
개시오입 (開示悟入) ……………… 35
개열반문 (開涅槃門) ……………… 36
개위금석 (皆謂今釋) ……………… 36
개유관음 (蓋由觀音) ……………… 37
결정적인 신앙이란! (決定信) …… 37
고통돈재 (苦痛頓除) ……………… 38
공양 (供養) ………………………… 38
관세음보살 (觀世音菩薩) ………… 38
관일체법공 (觀一切法空) ………… 39
관제법여 (觀諸法如) ……………… 40
광시리도 (廣施利導) ……………… 40
광장설상 (廣長舌相) ……………… 40
광행이타 (廣行利他) ……………… 41
구색자 (求索者) …………………… 41
금법왕대보 (今法王大寶) ………… 41
금불현광 (今佛現光) ……………… 42
금상여본서 (今相如本瑞) ………… 42
금아역여시 (今我亦如是) ………… 43
금일내지 (今日乃知) ……………… 43
금일수지 (今日受持) ……………… 44
금차삼계 (今此三界) ……………… 44
금차유동 (今此幼童) ……………… 45
기부선래 (其父先來) ……………… 45
기불미출 (其佛未出) ……………… 45
기신비유 (其身非有) ……………… 46
기유독송 (其有讀誦) ……………… 47
기유독송 (其有讀誦) ……………… 47
기인약어 (其人若於) ……………… 48
내외자정 (內外自正) ……………… 48
내지동자희 (乃至童子戱) ………… 48
내즉직지 (內則直指) ……………… 49
능어래세 (能於來世) ……………… 49
능이일음 (能以一音) ……………… 50
능지시경 (能持是經) ……………… 50
능지시경자 (能持是經者) ………… 51
다게 (茶偈) ………………………… 51
단 구불지혜 (檀 求佛智慧) ……… 51

단능옹호 (但能擁護) ················ 52
단당심신 (但當深信) ················ 52
단락수지 (但樂受持) ················ 53
단좌사실상 (端坐思實相) ·········· 53
당생대신력 (當生大信力) ·········· 53
당지선지 (當知善知) ················ 54
당지시인 (當知是人) ················ 54
당지시처 (當知是處) ················ 54
대각원발육서 (大覺圓發六瑞) ···· 55
1. 설법서 (一. 說法瑞) ········ 55
2. 입정서 (二. 入定瑞) ········ 55
3. 우화서 (三. 雨花瑞) ········ 56
꽃을 찬양함(1) (喝花偈 一) ······ 56
꽃을 들어 바치다(2) (拈花偈 二) 57
정대게 (3) (頂戴偈 三) ············ 57
4. 동지서 (四. 動地瑞) ········ 58
5. 대중이 기뻐하다 (五. 衆喜瑞) 58
6. 방광서 (六. 放光瑞) ········ 59
사법행(1) (四法行 一) ············ 59
일월등명불(2) (日月燈明佛 二) ··· 60
여래상설법(3) (如來常說法 三) ··· 60
오직 일승법이 있다(4)
(唯有一乘法 四) ······················ 61
문수와 미륵이 증명하다(5)
(文殊 · 彌勒證 五) ·················· 61
연등불(6) (燃燈佛 六) ·············· 61
대안심처 (大安心處) ················ 62
대왕 (大王) ···························· 62
대웅맹세존 (大雄猛世尊) ·········· 63
대웅성자 (大雄聖者) ················ 63
대의지처 (大依之處) ················ 63
도탈중생 (度脫衆生) ················ 64
도풍덕향 (道風德香) ················ 64
독대승경 (讀大乘經) ················ 64
독처한정 (獨處閑靜) ················ 65
돈증법신 (頓證法身) ················ 65
동덕법려 (同德法侶) ················ 65
두타행자 (頭陀行者) ················ 66
득대세 (得大勢) ······················ 66
등명지체 (燈明知體) ················ 66
등상게 (登床偈) ······················ 67
력 (力) ································· 67
매자작시념 (每自作是念) ·········· 68
명암색공 (明暗色空) ················ 68
모고자언 (母告子言) ················ 68
묘법(1) (妙法 一) ···················· 69
묘법(2) (妙法 二) ···················· 69
묘법(3) (妙法 三) ···················· 69
묘법실제 (妙法實際) ················ 70
묘법연화경(1) (妙法蓮華經 一) ··· 70
묘법연화경(2) (妙法蓮華經 二) ··· 71
묘법연화경(3) (妙法蓮華經 三) ··· 71

묘법연화경(4) (妙法蓮華經 四) … 71
묘법연화경(5) (妙法蓮華經 五) … 72
묘법연화경(6) (妙法蓮華經 六) … 72
묘법연화경(7) (妙法蓮華經 七) … 72
묘법연화경(8) (妙法蓮華經 八) … 73
묘법연화경(9) (妙法蓮華經 九) … 73
묘법연화경(10) (妙法蓮華經 十) … 74
묘법연화경총자수
(妙法蓮華經總字數) ……………… 74
묘음보살 (妙音菩薩) ……………… 76
무가보주 (無價寶珠) ……………… 77
무구청정광 (無垢淸淨光) ………… 77
무루불사의 (無漏不思議) ………… 77
무다탐욕 (無多貪慾) ……………… 78
무량 (無量) ………………………… 78
무명멸즉 (無明滅則) ……………… 79
무명암폐 (無明暗蔽) ……………… 79
무상양족존 (無上兩足尊) ………… 80
무상정변지 (無上正徧智) ………… 81
무상존 (無上尊) …………………… 81
무생법인자 (無生法忍者) ………… 81
무소외 (無所畏) …………………… 82
무수방편 (無數方便) ……………… 82
무애 (無礙) ………………………… 83
무애지 (無礙智) …………………… 83
무외력용맹 (無畏力勇猛) ………… 84
법을 들으면 (聞法功德) ………… 84
문법환희 (聞法歡喜) ……………… 85
문수사리 (文殊師利) ……………… 85
문수사리 (文殊師利) ……………… 85
문수사리언 (文殊師利言) ………… 86
문아설수 (聞我說壽) ……………… 86
미능자도 (未能自度) ……………… 86
미도자령도 (未度者令度) ………… 87
미래제세존 (未來諸世尊) ………… 87
미묘정법신 (微妙淨法身) ………… 89
미발심자 (未發心者) ……………… 89
미증설여등 (未曾說汝等) ………… 90
발구일체중생심 (發救一切衆生心) 90
방편 (方便) ………………………… 91
1. 권실 2지 (一. 權實二智) ‥ 91
2. 권지설법 (二. 權智說法) … 92
3. 실지증법 (三. 實智證法) … 92
4. 실상묘법 (四. 實相妙法) … 92
법상여시 (法相如是) ……………… 93
법왕 (法王) ………………………… 93
법왕무상존 (法王無上尊) ………… 94
진리의 재물 (法財) ……………… 94
법화게 (法華偈) …………………… 95
법화경(1) (法華經 一) …………… 95
법화경(2) (法華經 二) …………… 95
법화경 약찬게 (法華經 略纂偈) … 96

법화경의 노래 (法華經歌) ………106
법화경 9유 (法華九喩) ……………113
법화신심 (法華信心) ………………113
법희선열 (法喜禪悅) ………………114
변재무애 (辯才無礙) ………………115
보고제대중 (普告諸大衆) …………115
보살마하살 (菩薩摩訶薩) …………116
보살마하살 (菩薩摩訶薩) …………117
보조미암 (普照迷暗) ………………117
복전 (福田) …………………………117
복취여해 (福聚如海) ………………118
본문공덕 (本門功德) ………………118
본문삼보 (本門三寶) ………………118
본화보살 (本化菩薩) ………………119
부루나미다라니자
(富樓那彌多羅尼子) ………………119
부유일세 (復有一世) ………………120
부유팔세 (復有八世) ………………120
불로불사 (不老不死) ………………120
불문부지 (不聞不知) ………………121
불석신명 (不惜身命) ………………121
불신인과 (不信因果) ………………121
부처님(1) (佛 一) …………………122
부처님(2) (佛 二) …………………122
불난득치 (佛難得値) ………………123
불멸도후 (佛滅度後) ………………123
부처님의 법문 (佛法法門) ………124
불설시시 (佛說是時) ………………124
불설차경이 (佛說此經已) …………125
불신 (佛身) …………………………125
불어대중중 (佛於大衆中) …………125
불이방편력 (佛以方便力) …………126
불이일음 (佛以一音) ………………127
불이지혜 (佛以智慧) ………………127
부처님 지혜 (佛智) ………………127
불차야멸도 (佛此夜滅度) …………128
불평등설 (佛平等說) ………………128
비사문천 (毘沙門天) ………………129
비여대운 (譬如大雲) ………………129
비여량의 (譬如良醫) ………………130
비여유인 (譬如有人) ………………130
비요법 (秘要法) ……………………131
비유 (譬喩) …………………………131
빈궁곤고 (貧窮困苦) ………………131
사리불 (舍利弗) ……………………132
사리불 (舍利弗) ……………………133
사리불 (舍利弗) ……………………133
사리불 (舍利弗) ……………………133
사리불 (舍利弗) ……………………134
사리불 (舍利弗) ……………………134
사리불 (舍利弗) ……………………137
사리불당지 (舍利弗當知) …………138

사리불당지 (舍利弗當知) ··········142
사리불당지 (舍利弗當知) ··········144
사리불당지 (舍利弗當知) ··········144
4무량게 (四無量偈) ················145
4무량심 (四無量心) ················146
4무소외 (四無所畏) ················146
4선 (四禪) ····························147
사악지식 (捨惡知識) ···············147
아름다운 무용수들 (四種迦樓羅) 147
네 가지 신통한 가수들
(四種歌手) ···························148
4종 아수라 (四種軍人) ············148
사바세계 (娑婆世界) ···············149
삼계무안 (三界無安) ···············149
삼계화택(1) (三界火宅 一) ·······149
삼계화택(2) (三界火宅 二) ·······152
3념주 (三念住) ······················156
1. 찬불송 (一. 讚佛頌) ········157
2. 찬불송 (二. 讚佛頌) ········157
삼매 (三昧) ··························158
삼장 (三藏) ··························158
상구보리 (上求菩提) ···············159
상락다문 (常樂多聞) ···············159
상불경보살 (常不輕菩薩) ·········159
상응심심 (常應深心) ···············160
상재차불멸 (常在此不滅) ·········160
상주불멸 (常住不滅) ···············161
상호좌선 (常好坐禪) ···············161
선재부모 (善哉父母) ···············161
선학보살도 (善學菩薩道) ·········161
설법 시 · 처 (說法 時 · 處) ·······162
설법게 (說法偈) ····················163
설시경이 (說是經已) ···············163
설차어시 (說此語時) ···············164
성등정각 (成等正覺) ···············164
성문·연각 (聲聞 · 緣覺) ···········165
성문약보살 (聲聞若菩薩) ·········165
성본연징 (性本淵澄) ···············166
성욕무량고 (性欲無量故) ·········166
세개불뢰고 (世皆不牢固) ·········166
세웅불가량 (世雄不可量) ·········167
세존 약왕보살 (世尊 藥王菩薩) ···167
세존 (世尊) ··························168
세존 (世尊) ··························168
세존 (世尊) ··························169
세존 (世尊) ··························169
세존 (世尊) ··························170
세존 (世尊) ··························170
세존 (世尊) ··························171
세존 (世尊) ··························171
세존 (世尊) ··························172
세존 (世尊) ··························172

세존 (世尊) ·····························172
세존 (世尊) ·····························173
세존대은 (世尊大恩) ··················173
세존심희유 (世尊甚希有) ···········174
세존어장야 (世尊於長夜) ···········174
세존지중생 (世尊知衆生) ···········175
소이자하 (所以者何) ··················175
소이자하 (所以者何) ··················176
소이자하 (所以者何) ··················176
소작불사 (所作佛事) ··················178
소지악소법 (小智樂小法) ···········178
수기의 조건 (授記) ····················178
1. 인격 (一. 人格) ·················178
2. 국토 (二. 國土) ·················179
수난가교화 (雖難可敎化) ···········179
수능어차 (誰能於此) ··················180
수덕견아 (修德見我) ··················180
수미득수행 (雖未得修行) ···········181
수수구세 (水雖俱洗) ··················181
수의소설 (隨宜所說) ··················181
수제고뇌 (受諸苦惱) ··················182
수왕화비 (宿王華譬) ··················182
시경 (是經) ·····························183
시경능령 (是經能令) ··················183
시고여등 (是故汝等) ··················185
이 법은 듣기 어렵다 (是法難聞) 186
시법불가시 (是法不可示) ···········186
시법화경 (是法華經) ··················187
시보살중 (是菩薩中) ··················187
시불설대승 (時佛說大乘) ···········188
시비구임 (是比丘臨) ··················189
시빈궁자 (時貧窮子) ··················189
시선남자 (是善男子) ··················189
시시일월 (是時日月) ··················190
시제보살 (時諸菩薩) ··················190
시제보살 (是諸菩薩) ··················191
시제인등 (是諸人等) ··················191
시제인등 (是諸人等) ··················192
시제중생 (是諸衆生) ··················192
시천이백 (是千二百) ··················192
시호양약 (是好良藥) ··················193
식제덕본 (植諸德本) ··················193
신심부동 (身心不動) ··················193
신심적부동 (身心寂不動) ···········194
신행일상 (信行一相) ··················194
실상묘법 (實相妙法) ··················194
(1) 일심의 실상 (一. 一心實相) 195
(2) 연의 실상 (二. 蓮之實相) 195
(3) 경계의 실상 (三. 境之實相) 195
(4) 일 속에 진리가 들어있다
(四. 觸事而眞) ····················196
심실왈성 (心實日誠) ··················196

깊은 지혜 깊은 법 (甚深法) ……196
심심염불 (深心念佛) ………………197
심심지고 (深心志固) ………………197
심정용약 (心淨踊躍) ………………198
십력 (十力) …………………………198
십력게 (十力偈) ……………………199
시방불토중 (十方佛土中) …………199
시방체구 (十方諦求) ………………200
십여시 (十如是) ……………………200
12부 (十二部) ………………………201
십팔대보살 (十八大菩薩) …………202
아견석가 (我見釋迦) ………………203
아관일체 (我觀一切) ………………203
아금내지 (我今乃知) ………………204
아금의대 (我今依大) ………………204
아금이신 (我今以神) ………………204
아금차중 (我今此衆) ………………205
아난 (阿難) …………………………205
아난상락 (阿難常樂) ………………206
아념과거세 (我念過去世) …………206
아득 (我得) …………………………207
아등거승 (我等居僧) ………………207
아등금어 (我等今於) ………………208
아등종불 (我等從佛) ………………208
아등피극 (我等疲極) ………………209
아라한 (阿羅漢) ……………………209
아멸도후 (我滅度後) ………………210
아멸도후 (我滅度後) ………………210
아본입서고 (我本立誓願) …………211
아불감경 (我不敢輕) ………………211
아불경여 (我不輕汝) ………………212
아불애신명 (我不愛身命) …………212
아상유제국 (我常遊諸國) …………212
아상재차 (我常在此) ………………213
아상주어차 (我常住於此) …………213
아상지중생 (我常知衆生) …………213
아석욕령 (我昔欲令) ………………214
아선도량 (我先道場) ………………214
아선불언 (我先不言) ………………215
아소설경전 (我所說經典) …………215
아소설제경 (我所說諸經) …………216
아수이신 (我雖以神) ………………216
아시세존사 (我是世尊使) …………216
아시어중생 (我時語衆生) …………217
아시여래 (我是如來) ………………217
아시여래 (我是如來) ………………218
아시일체 (我是一切) ………………218
아심경여등 (我深敬汝等) …………218
아어무량 (我於無量) ………………219
아위불도 (我爲佛道) ………………220
아이불법 (我以佛法) ………………220
아이불안 (我以佛眼) ………………221

아일다 (阿逸多) ························221
아일다 (阿逸多) ························221
아지차중생 (我知此衆生) ··········222
아차제자 (我此弟子) ··················224
아차토안온 (我此土安穩) ··········224
아헌보주 (我獻寶珠) ··················224
안락법문 (安樂法門) ··················225
안온중생 (安穩衆生) ··················225
약견수지 (若見受持) ··················225
약견여래 (若見如來) ··················226
약문시심경 (若聞是深經) ··········226
약부견 (若復見) ························227
약불순아주 (若不順我呪) ··········227
약부유인 (若復有人) ··················228
약부유인 (若復有人) ··················228
약부유인 (若復有人) ··················229
약부재자 (若父在者) ··················229
약불재세 (若佛在世) ··················230
약선남자 (若善男子) ··················230
약선남자 (若善男子) ··················231
약선남자 (若善男子) ··················232
약선남자 (若善男子) ··················232
약선남자 (若善男子) ··················232
약설차경시 (若說此經時) ··········233
약아성불 (若我成佛) ··················233
약어후세 (若於後世) ··················234
약여래멸후 (若如來滅後) ··········234
약왕 (藥王) ·······························235
약유국토 (若有國土) ··················235
약유문법자 (若有聞法者) ··········236
약유발심 (若有發心) ··················236
약유보살 (若有菩薩) ··················237
약유수지 (若有受持) ··················237
약유수지 (若有受持) ··················237
약유신수 (若有信受) ··················238
약유심심자 (若有深心者) ··········238
약유악인 (若有惡人) ··················239
약유중생 (若有衆生) ··················239
약유중생 (若有衆生) ··················240
약유중생 (若有衆生) ··················240
약유중생류 (若有衆生類) ··········241
약유지시 (若有持是) ··················241
약이설근 (若以舌根) ··················242
약이소승화 (若以小乘化) ··········242
약인불신 (若人不信) ··················243
약인산란심 (若人散亂心) ··········243
약인신귀불 (若人信歸佛) ··········244
약인욕가악 (若人欲加惡) ··········244
약인위시경 (若人爲是經) ··········245
약초유우 (藥草喻雨) ··················245
약호약추 (若好若醜) ··················245
양의선치 (良醫善治) ··················246

어미래세 (於未來世) ··················246
어불멸후 (於佛滅後) ··················247
어불소설법 (於佛所說法) ···········247
어아멸도후 (於我滅度後) ···········248
어여래멸후 (於如來滅後) ···········248
어여의운하 (於汝意云何) ···········249
어후말세 (於後末世) ··················249
어후말세 (於後末世) ··················250
여단견묘 (汝但見妙) ··················250
여대비구 (與大比丘) ··················250
여등거래 (汝等去來) ··················251
여등금자 (汝等今者) ··················251
여등당수지독송 (汝等當受持讀誦) 252
여등물유의 (汝等勿有疑) ···········252
여등물포 (汝等勿怖) ··················253
여등사리불 (汝等舍利弗) ···········253
여래견제 (如來見諸) ··················254
여래단이 (如來但以) ··················255
여래멸도 (如來滅度) ··················255
여래멸후 (如來滅後) ··················255
여래멸후 (如來滅後) ··················256
여래방편력 (如來方便力) ···········256
여래설법 (如來說法) ··················257
여래설법 (如來說法) ··················257
여래시 (如來是) ·······················258
여래시제 (如來是諸) ··················258
여래심희유 (如來甚希有) ···········258
여래십호 (如來十號) ··················259
여래안락 (如來安樂) ··················260
여래여실 (如來如實) ··················260
여래우시 (如來于時) ··················261
여래위태 (如來爲太) ··················261
여래일체 (如來一切) ··················262
여래존중 (如來尊重) ··················263
여래즉위 (如來則爲) ··················263
여막경피국 (汝莫輕彼國) ···········263
여법응수행 (如法應修行) ···········264
여부장자 (如富長者) ··················264
여사리불 (汝舍利弗) ··················265
여세존칙 (如世尊勅) ··················265
여시묘법 (如是妙法) ··················265
여시아문 (如是我聞) ··················266
1. 여라는 여여 (一. 如如) ····266
2. 시라는 시여 (二. 是是) ····266
3. 나라는 나여 (三. 我我) ····267
4. 듣는다 (四. 聞) ···············267
여시아문 (如是我聞) ··················267
여시아성 (如是我成) ··················268
여시제오십인전 (如是第五十人展) 268
여시종종 (如是種種) ··················268
여어래세 (汝於來世) ··················269
여연화재수 (如蓮華在水) ···········269

여이감로쇄 (如以甘露灑) ··········269
여이은근 (汝已慇懃) ··················270
여일착정 (如一鑿井) ··················270
여차경역 (如此經歷) ··················271
여차종종 (如此種種) ··················271
여청관음행 (汝聽觀音行) ··········271
여풍어공중 (如風於空中) ··········272
여피대운 (如彼大雲) ··················272
역행중선업 (亦行衆善業) ··········273
연등게 (燃燈偈) ························273
연백복장 (然百福莊) ··················274
연지즉염 (蓮之卽染) ··················274
연진단혹 (研眞斷惑) ··················275
연후환섭 (然後還攝) ··················275
영상아두상 (寧上我頭上) ··········275
영축게 (靈鷲偈) ························276
오멸후악세 (吾滅後惡世) ··········276
5시8교 (五時八敎) ····················277
옹호게 (擁護偈) ························277
왕문선언 (王聞仙言) ··················278
외난불침 (外難不侵) ··················278
용시보살 (勇施菩薩) ··················279
우견보살 (又見菩薩) ··················279
우금아등 (又今我等) ··················280
우담발화 (優曇鉢華) ··················280
우시일체 (于時一切) ··················281
우여일천자 (又如日天子) ··········281
운사고월운 (雲駛故月雲) ··········281
원교보살 (圓敎菩薩) ··················282
원불위려 (願不爲慮) ··················282
원이차공덕 (願以此功德) ··········282
위구성문자 (爲求聲聞者) ··········283
위덕구족 (威德具足) ··················283
위어법고 (爲於法故) ··················284
유경명법화 (有經名法華) ··········284
유능수지 (有能受持) ··················284
유능수지 (有能受持) ··················285
유불여불 (唯佛與佛) ··················285
유사가라용왕녀 (有娑竭羅龍王女) 286
유원불위려 (唯願不爲慮) ··········286
유원설지 (唯願說之) ··················291
유원세존 (唯願世尊) ··················291
유제무지인 (有諸無智人) ··········292
유제바달다 (由提婆達多) ··········293
유화선순 (柔和善順) ··················293
육바라밀 (六波羅密) ··················293
의제경방 (依諸經方) ··················294
의회영이 (疑悔永已) ··················294
이구무상도 (以求無上道) ··········295
이불안관 (以不眼觀) ··················295
이사겸통 (理事兼通) ··················295
이사현리 (離事顯理) ··················296

이상견아고 (以常見我故) ………296
이송습대 (以誦習大) ………296
이시다보불 (爾時多寶佛) ………297
이시대회 (爾時大會) ………297
이시라후 (爾時羅睺) ………298
이시불방 (爾時佛放) ………298
이시불방 (爾時佛放) ………298
이시불전 (爾時佛前) ………299
이시석가 (爾時釋迦) ………299
이시세존 (爾時世尊) ………300
이시세존 (爾時世尊) ………300
이시세존 (爾時世尊) ………301
이시소화 (爾時所化) ………301
이시아난 (爾時阿難) ………302
이시약왕 (爾時藥王) ………302
이시학무 (爾時學無) ………302
이심심념불 (以深心念佛) ………303
이십대제자 (二十大弟子) ………304
이악업인연 (以惡業因緣) ………305
이오탁악세 (以五濁惡世) ………305
이일미우 (以一味雨) ………306
이제욕염 (離諸欲染) ………306
이제자등 (而諸子等) ………306
이제중생유 (以諸衆生有) ………307
이차경자 (而此經者) ………308
이차난신 (以此難信) ………308
인천승 (人天乘) ………308
일념돈오 (一念頓悟) ………309
일념삼천 (一念三千) ………309
일대사인연 (一大事因緣) ………309
일미우 (一味雨) ………310
일불승 (一佛乘) ………310
일승진실 (一乘眞實) ………310
일시불 (一時佛) ………311
1. 일이라는 일이여 (一. 一一) 311
2. 때라는 때여 (二. 時時) …311
3. 부처라는 부처여 (三. 佛佛) 311
일심욕견불 (一心欲見佛) ………312
일심정진 (一心精進) ………312
일운소우 (一雲所雨) ………312
일일문문 (一一文文) ………313
일자안주 (一者安住) ………313
일지소생 (一地所生) ………314
일체보살 (一切菩薩) ………314
일체성취 (一切成就) ………314
일체업장해 (一切業障海) ………315
일체정광 (一切淨光) ………316
일체제법 (一切諸法) ………316
일체중생 (一切衆生) ………316
일체지심 (一切智心) ………317
임당피해 (臨當被害) ………317
자능여락 (慈能與樂) ………317

자복공고 (自伏貢高) ··················318
자비인양 (慈悲仁讓) ··················318
자아득불래 (自我得佛來) ··········318
자종시래 (自從是來) ··················319
장포영리 (障怖永離) ··················319
재재제불토 (在在諸佛土) ··········319
정법 · 상법 · 계법 (正 · 像 · 季) · 320
정법치국 (正法治國) ··················320
정상불교 (正像佛敎) ··················320
정신 (正身) ·····························321
정심부잡 (靜心不雜) ··················321
정심신경 (淨心信敬) ··················321
정여도합 (靜與道合) ··················322
정존묘법고 (情存妙法故) ··········322
정직사방편 (正直捨方便) ··········322
바로 진실을 밝힘 (正顯實) ·······323
제경법중 (諸經法中) ··················323
제고소인 (諸苦所因) ··················323
제목봉창 (題目奉唱) ··················324
제법본래적 (諸法本來寂) ··········324
제법실상 (諸法實相) ··················325
제법종본래 (諸法從本來) ··········325
제불멸도 (除佛滅度) ··················325
제불멸도이 (諸佛滅度已) ··········326
제불방편력 (諸佛方便力) ··········330
제불본서원 (諸佛本誓願) ··········330
제불세존 (諸佛世尊) ··················331
제불세존 (諸佛世尊) ··················332
제불세존 (諸佛世尊) ··················332
제불여래 (諸佛如來) ··················333
제불여출세 (諸佛與出世) ··········333
제불이방 (諸佛以方) ··················334
제불지혜 (諸佛智慧) ··················334
제불출세 (諸佛出世) ··················335
제불출어세 (諸佛出於世) ··········335
제불흥출세 (諸佛興出世) ··········336
제비구 (諸比丘) ·······················337
제비구중 (諸比丘衆) ··················337
제비구중 (諸比丘衆) ··················338
제비구체청 (諸比丘諦聽) ··········338
제선남자 (諸善男子) ··················339
제악업자 (諸惡業刺) ··················339
제오 안락행품 (第五 安樂行品) · 339
제인금당지 (諸人今當智) ··········341
제중생 (諸衆生) ·······················342
제천주야 (諸天晝夜) ··················342
종명입어명 (從冥入於冥) ··········343
종종설법 (種種說法) ··················343
중생견겁진 (衆生見劫盡) ··········343
중생기신복 (衆生旣信伏) ··········344
중생탁 (衆生濁) ·······················345
즉시제천 (卽時諸天) ··················346

증도가 (證道歌) ························346
증지단혹 (證智斷惑) ··················346
지혜와 경계는 둘이 아니다
(智境不二) ······························347
지념력견고 (志念力堅固) ···········347
지락소자 (知樂小者) ··················347
지법화경자 (持法華經者) ···········347
지극히 아름다운 악사들
(至善樂師) ······························348
지지불수설 (止止不須說) ···········348
지차경자 (持此經者) ··················349
지혜리근 (智慧利根) ··················349
지혜방편 (智慧方便) ··················350
지혜보장 (智慧寶藏) ··················350
진이식망 (眞以息妄) ··················350
질직무위 (質直無僞) ··················351
질직유인 (質直柔忍) ··················351
차경 (此經) ······························351
차경난지 (此經難持) ··················352
차경능구 (此經能救) ··················352
차경즉위 (此經則爲) ··················353
차배죄근 (此輩罪根) ··················354
차법화경 (此法華經) ··················354
차법화경 (此法華經) ··················355
차보탑중 (此寶塔中) ··················355
차실아자 (此實我子) ··················356
차이자자 (此二子者) ··················356
참회법자 (懺悔法者) ··················357
천고 (天鼓) ······························357
천인소공양 (天人所供養) ···········357
천인소봉존 (天人所奉尊) ···········358
천제동자 (天諸童子) ··················359
천행만행 (千幸萬幸) ··················360
청법게 (請法偈) ························360
법을 청할 때 (請法四行) ···········361
초목지엽 (草木枝葉) ··················361
초설삼승 (初說三乘) ··················361
최후신 (最後身) ························362
출입생사 (出入生死) ··················362
충윤일체 (充潤一切) ··················362
친무수불 (親無數佛) ··················363
탕자가 고향에 돌아오다
(蕩子歸鄕) ······························363
통교보살 (通敎菩薩) ··················364
통달무애 (通達無礙) ··················365
파제치암 (破諸癡暗) ··················365
평등무사 (平等無私) ··················365
피불법중 (彼佛法中) ··················365
피시사중 (彼時四衆) ··················366
피제중생 (彼諸衆生) ··················366
하황일심 (何況一心) ··················367
할등게 (喝燈偈) ························367

합장이경심 (合掌以敬心) ············368
합장향사바 (合掌向娑婆) ············368
향풍시래 (香風時來) ····················369
헌좌게 (獻座偈) ···························369
혜광조무량 (慧光照無量) ············369
혜광조무량 (慧光照無量) ············370
혜일대성존 (慧日大聖尊) ············370
호법용왕 (護法龍王) ····················371
법을 옹호하는 천인들 (護法天人) 371
호일월등명 (號日月燈明) ············372
혹견보살 (或見菩薩) ····················374
혹설기신 (或說己身) ····················374
혹유아연약 (或有阿練若) ············375
혹유제비구 (或有諸比丘) ············375
화택이시 (火宅以是) ····················376
회향송 (回向頌) ···························377

丘堂 呂元九 先生 作品

(三) 묘법연화경 (妙法蓮華經 三) 379
신행일상 (信行一相) ····················380
무상존 (無上尊) ···························381
(一) 묘법연화경 (妙法蓮華經 一) 382
(二) 묘법연화경 (妙法蓮華經 二) 383
연등게 (燃燈偈) ···························384
영축게 (靈鷲偈) ···························385
외난불침 (外難不侵) ····················386
(四) 묘법연화경 (妙法蓮華經 四) 387
6. 방광서 (六. 放光瑞) ·············388
3. 부처라는 부처여 (三. 佛佛) ···389

법화경 다라니 ······························390

法華經名句選集

迦葉 가섭

迦葉　譬如三千大千世界
山川谿谷土地所生卉木叢林　及諸藥草
密雲彌布遍覆三千大千世界　一時等澍

가섭 비여삼천대천세계
산천계곡토지소생훼목총림 급제약초
밀운미포편복삼천대천세계 일시등주

가섭아, 비유하면 삼천대천세계의 산천과 계곡, 토지에 나는 모든 초목, 수풀, 약초…… 가득찬 구름이 삼천대천세계를 두루 덮어서 일시에 평등하게 내린다.

感應道交[1] 감응도교

一心稱名觀世音 일심칭명관세음
念念不離阿彌陀 염념불이아미타
一心見佛不惜身 일심견불불석신
如來全身虛空現 여래전신허공현

일심으로 관세음보살을 부르고
생각 생각에 아미타불을 떠나지 않으며
일심으로 부처를 보고자 신명을 아끼지 않으면
여래의 전신이 허공 가운데 나타난다. 〈法華疏〉

1) 염불의 공덕

皆共成佛[2)] 다같이 성불한다

恒沙諸經　一切方便 항사제경 일체방편
妙法蓮華　眞實不虛 묘법연화 진실불허
廣宣流布　皆共成佛 광선유포 개공성불

갠지스강의 모래알 숫자와 같은 모든 경전은
일체가 방편으로 설한 것이나
묘법연화경만은
진실로 헛되지 않은 것이니
널리 유포하여
다같이 성불하라.

〈法華經 見寶塔品〉

皆共成佛道 개공성불도

皆共成佛道 개공성불도

함께 다 같이 불도를 이루리이다.

開三顯一 개삼현일

開三顯一 개삼현일

3을 열어서 1을 나타낸다

2) 방편과 진실을 확실히 알라. 널리 유포하면 나만 성불하는 것이 아니라 보고 듣는 모든 사람이 함께 성불한다.

皆成佛無疑 개성불무의

皆成佛無疑 개성불무의 다 의심 없이 성불하리라

皆順正法 개순정법

若說 俗間經書 治世語言
資生業等 皆順正法

약설 속간경서 치세어언
자생업등 개순정법

혹은 속세간의 경서이거나 세상을 다스리는 언어학설이거나 자생 산업 등을 설할지라도 다 정법에 순하리라.
〈법사공덕품〉

開示悟入 개시오입

開示悟入 개시오입
破無明佛知見 파무명불지견
指眞體佛知見 지진체불지견
豁然洞佛知見 활연동불지견
證種智佛知見 증종지불지견

무명을 파하여 부처님의 지견을 열어주고
참 성품을 가리켜서 부처님의 지견을 보여주며,
활연히 통해서 부처님의 지견을 깨닫게 하고
일체 종지를 증득케 하여 부처님의 경지에
깨달아 들게 한다.

開涅槃門 개열반문

開涅槃門　扇解脫風 개열반문 선해탈풍
除世惱熱　致法淸涼 제세뇌열 치법청량

열반의 문을 열고 해탈의 바람을 일으키어 세상의 괴로운 열풍을 제하고 청정한 법에 이르도록 함이라.

〈무량의경〉

皆謂今釋 개위금석

皆謂今釋迦牟尼佛 개위금석가모니불
出釋氏宮 출석씨궁
去伽倻城不遠 거가야성불원
坐於道場 좌어도량
得阿耨多羅三藐三菩提 득아뇩다라삼먁삼보리
然善男子 연선남자
我實成佛已來 아실성불기래
無量無邊　百千萬億 무량무변 백천만억
那由他劫 나유타겁

지금의 석가모니불은 석씨의 궁전을 나와 가야성을 떠나서 멀지 않은 도량에 앉아 아뇩다라삼먁삼보리를 얻었다고 생각함이라. 그러나 선남자야, 나는 실로 성불해 옴이 한량 없고 가이 없는 百千만억 나유타겁이니라.

〈여래수량품〉

盖由觀音 개유관음

盖由觀音　得眞圓通 개유관음 득진원통
一多平等　彼我無二 일다평등 피아무이

관세음보살로 말미암아 진리를 원융하게 통하여 얻게 되면 많고 적음이 평등하여 나와 네가 둘 아님을 알게 된다.

決定信[3)] 결정적인 신앙이란!

信行一相總攝法 신행일상총섭법
人法一如決定信 인법일여결정신
行住坐臥語默靜 행주좌와어묵정
一切時處惺明歷 일체시처성명력

신행일상에 모든 법을 다 거두어 드리고
인과 법에 결정적인 믿음을 가지면
행 · 주 · 좌 · 와, 어 · 묵 · 동 · 정
일체시, 일체처에 성성역력 다 밝아진다. 〈法華文句〉

3) 결정적인 신앙의 모습

苦痛頓除[4] 고통돈재

一心信奉　題目奉唱 일심신봉 제목봉창
火炎不燒　水災不沒 화염불소 수재불몰
諸毒不害　槍劍不傷 제독불해 창검불상
惡鬼不侵　猛獸不害 악귀불침 맹수불해
怨讐報復　絶對不侵 원수보복 절대불침

일심으로 신봉하고 제목을 봉창하면
불도 능히 태우지 못하고 물도 능히 빠뜨리지 못하며
독도 해치지 못하고 창검도 상하지 못하고
악귀도 침범하지 못하며 맹수도 해치지 못하고
원수가 보복하려 해도 절대로 침범하지 못한다.

〈妙法綱領文〉

供養 공양

供養 恭敬 尊重 讚歎 공양 공경 존중 찬탄

부처님을 공양 공경 존중 찬탄하여 모든 선근공덕을 심으라.

觀世音菩薩 관세음보살

觀世音菩薩　愍諸四衆 관세음보살 민제사중

4) 묘법강령문은 법장스님이 지은 것인데, 여기 〈묘법연화경〉이란 제목을 일심으로 봉창하면 3재 8난이 침입하지 못한다고 하였다.

及於天龍　人非人等　　급어천룡 인비인등
受其瓔珞　分作二分　　수기영락 분작이분
一分奉釋迦牟尼佛　　일분봉석가모니불
一分奉多寶佛塔　　일분봉다보불탑

관세음보살이 모든 사중과 하늘, 용, 인비인 등을 불쌍히 생각하여 그 영락을 받아 둘로 나누어서 하나는 석가모니불께 받들어 올리고 하나는 다보불탑에 받들어 올림이라.

〈관세음보살보문품〉

觀一切法空 관일체법공

觀一切法空　如實相　관일체법공 여실상
不顚倒　不動　　부전도 부동
不退　不轉　　불퇴 부전
如虛空　無所有性　　여허공 무소유성
一切語言道斷　　일체어언도단
不生　不出　不起　　불생 불출 불기
無名　無相　　무명 무상
實無所有　無量　　실무소유 무량
無邊　無礙　無障　　무변 무애 무장

일체의 법이 공(空)함을 관하되 실상(實相)과 같이 하여 전도(顚倒)하지 말고 동(動)하지도 말며 퇴(退)치 말며 전(轉)하지도 말며 허공과 같이 해서 있을 바의 성품은 없음이니 일체의 말도 도(道)도 끊어져서 생(生)하지도 않고 나(出)지도 않고 일어나지도 않고 이름도 없고 상(相)

도 없고 실로 소유(所有)도 없고 헤아림도 없고 끝도 없고 거리낌도 없고 장애도 없음이라. 〈안락행품〉

觀諸法如 관제법여

觀諸法如實相 관제법여실상

모든 법을 사실대로 관하라.

廣施利導 광시리도

廣施利導 광시리도

진리를 널리 베풀어 중생을 이롭게 인도하라.

廣長舌相[5] 광장설상

廣長舌相　遍覆三千 광장설상 편복삼천

부처님의 말씀이
삼천대천세계에 가득하다. 〈法華經 方便品〉

---

5) 부처님의 법문은 온 세계에 다 통한다.

廣行利他 광행이타

廣行利他　智悲相濟 광행이타 지비상제

널리 세상을 이롭게 하면 지혜와 자비심이 서로 어울리게 된다.

求索者 구색자

求索者　受持者 구색자 수지자
讀誦者　書寫者 독송자 서사자
欲修習是法華經 욕수습시법화경
於三七日中應一心精進 어삼칠일중응일심정진

찾아 구하는 자, 수지자, 독송자, 서사자가 이 법화경을 닦고 익히고자 하면 삼칠일 동안 마땅히 일심으로 정진해야 한다.

今法王大寶 금법왕대보

今法王大寶　自然而至 금법왕대보 자연이지
如佛子所應得者 여불자소응득자
皆已得之 개이득지

지금 법왕의 큰 보배가 저절로 이르렀으니, 불자의 마땅히 얻어야 할 것을 다 이미 얻었나이다. 〈신해품〉

今佛現光 금불현광

今佛現光亦復如是 금불현광역부여시
欲令衆生咸得聞知 욕령중생함득문지
一切世間難信之法 일체세간난신지법
故現斯瑞 고현사서

지금 부처님께서 광명을 놓으심도 또한 그와 같아서 일체 세간의 중생들로 하여금 믿기 어려운 법을 얻어 듣고 모두 깨달아 알게 하시려고 이 상서로움을 나타내신 것이니라.
〈법화경 서품〉

今相如本瑞 금상여본서

今相如本瑞 금상여본서
是諸佛方便 시제불방편
今佛放光明 금불방광명
助發實相義 조발실상의
諸人今當知 제인금당지
合掌一心待 합장일심대
佛當雨法雨 불당우법우
充足求道者 충족구도자
諸求三乘人 제구삼승인
若有疑悔者 약유의회자
佛當爲除斷 불당위제단
令盡無有餘 영진무유여

지금광명 옛날상서 모든부처 방편이라 이제세존 광명놓아 참다운뜻 나투시니 그대들은 바로알라 일심으로 기다리면 부처님이 법비내려 구도자를 충족하리 삼승법을 구하는이 만일의심 가지며는 부처님은 그의심을 남김없이 끊어주리 〈법화경 서품〉

今我亦如是 금아역여시

今我亦如是 금아역여시
安穩衆生故 안온중생고
以種種法門 이종종법문
宣示於佛道 선시어불도
我以智慧力 아이지혜력
知衆生性欲 지중생성욕
方便說諸法 방편설제법
皆令得歡喜 개령득환희

지금나도 그와같이 중생들을 편케하려 여러가지 법문으로 부처도를 보이노라 내가지혜 힘으로써 중생들의 근기알고 방편으로 설법하여 즐겁도록 하여주네 〈법화경 서품〉

今日乃知 금일내지

今日乃知　眞是佛子 금일내지 진시불자
從佛口生　從法化生 종불구생 종법화생
得佛法分 득불법분

오늘에야 참으로 이에 불자하였음을 알았나이다.
부처님 입으로부터 나며, 법으로 화(化)하여 났으며, 불법을 나누어 얻었나이다. 〈비유품〉

今日受持 금일수지

今日受持　方等經典 금일수지 방등경전
乃至失命　設墮地獄 내지실명 설타지옥
受無量苦　終不毁謗 수무량고 종불훼방
諸佛正法 제불정법

오늘 방등경전을 받아 가지나이다. 지금부터 목숨을 잃을지라도 설령 지옥에 떨어져 한량없는 고를 받을지라도 끝까지 모든 부처님의 정법을 헐어 비방하지 아니하오리다. 〈관보현보살행법경〉

今此三界 금차삼계

今此三界　皆是我有 금차삼계 개시아유
其中衆生　悉是吾子 기중중생 실시오자
而今此處　多諸患難 이금차처 다제환난
唯我一人　能爲救護 유아일인 능위구호

지금 삼계는 다 나의 것이니, 그 가운데 중생이 다 나의 아들이라. 지금 이곳에 환란이 많으나 오직 나 한 사람만이 능히 이들을 구제하며 보호한다. 〈비유품〉

今此幼童 금차유동

今此幼童　皆是吾子 금차유동 개시오자
愛無偏黨 애무편당

지금 이 어린 아이들은 다 나의 아들이니 사랑함에 편당이 없음이라. 〈비유품〉

其父先來 기부선래

其父先來　求子不得 기부선래 구자부득
中止一城 중지일성
其家大富財寶無量 기가대부재보무량

아버지는 아들을 찾지 못하고, 먼저 와서 결국 어느 성 안에서 머물렀나니, 그 집은 부유하여 재물과 보배가 한량없었다.

其佛未出 기불미출

其佛未出家時　有十六子
聞父得成阿耨多羅三藐三菩提
皆捨所珍往　詣佛所

기불미출가시 유십육자
문부득성아뇩다라삼먁삼보리
개사소진왕 예불소

그 부처님이 출가하기 전에 16왕자가 있었으니…… 아버지가 아뇩다라삼먁삼보리를 얻었다는 소식을 듣고, 다 보배를 버리고 부처님 처소로 나아가도다.

其身非有 기신비유

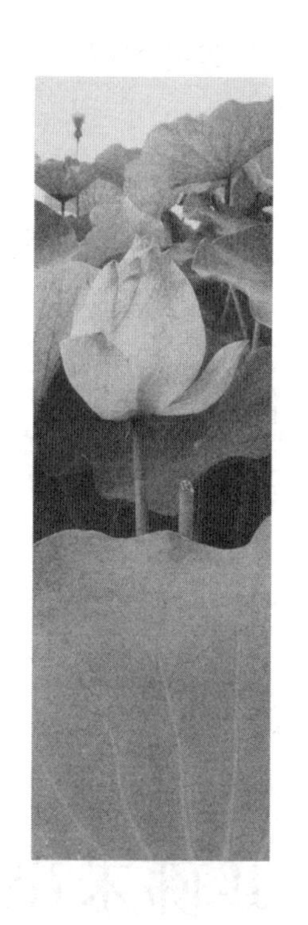

其身非有亦非無 기신비유역비무
非因非緣非自他 비인비연비자타
非方非圓非短長 비방비원비단장
非出非沒非生滅 비출비몰비생멸
非造非起非爲作 비조비기비위작
非坐非臥非行住 비좌비와비행주
非動非轉非閑靜 비동비전비한정
非進非退非安危 비진비퇴비안위
非是非非非得失 비시비비비득실
非彼非此非去來 비피비차비거래
非靑非黃非赤白 비청비황비적백
非紅非紫種種色 비홍비자종종색

그 몸이 있지도 아니하며 또한 없지도 아니하며 인(因)도 아니요 연(緣)도 아니며 나도 아니며 너도 아니며 모나지도 않고 둥글지도 아니하며 짧거나 길지도 아니하며 나오지도 아니하며 숨지도 아니하며 생하지도 멸하지도 아니하며 만드는 것도 아니며 일으키는 것도 아니며 들게 되는 것도 아니며 앉는 것도 아니며 누운 것도 아니며 한가함도 고요함도 아니며 앞으로 가는 것도 아니며 물러서는 것도 아니며 편안하지도 위태롭지도 아니하며 옳은 것도 아니며 옳지 않은 것도 아니며 얻지도 잃지도 아니하며 저것도 아니며 이것도 아니며 떠나지도 오지도 아니하며 푸르지도 않고 누르지도 않고 빨갛지도 않고 희지도 아니하며 붉지도 아니하며 보랏빛이나 가지가지의 빛깔도 아님이라. 〈무량의경 덕행품〉

其有讀誦 기유독송

其有讀誦大乘方等經典 기유독송대승방등경전
當知此人　具佛功德 당지차인 구불공덕
諸惡永滅　從佛慧生 제악영멸 종불혜생

그 대승 방등경전을 읽고 외우면 마땅히 알라. 이 사람은 부처님의 공덕을 갖추고 모든 악을 영원히 멸하고 부처님의 지혜로부터 남이라. 〈관보현경〉

其有讀誦 기유독송

其有讀誦法華經者 기유독송법화경자
當知是人　以佛莊嚴 당지시인 이불장엄
而自莊嚴　則爲如來 이자장엄 즉위여래
肩所荷擔 견소하담

이 법화경을 읽고 외우는 사람이 있거든 마땅히 알라. 이 사람은 부처님의 장엄으로써 스스로 장엄함이니 곧 여래의 어깨에 실린 바가 되느니라. 〈법사품〉

其人若於 기인약어

其人若於法華經 기인약어법화경
有所忘失一句一偈 유소망실일구일게
我當教之 與共讀誦 아당교지 여공독송
還令通利 환령통리

그 사람이 만일 법화경의 한 구절이거나 한 게송을 잊어버린 것이 있으면 내가 마땅히 이를 가르치고 같이 읽고 외워서 돌이켜 통리(通利)케 하오리다

〈보현보살권발품〉

內外自正 내외자정

內外自正持戒 내외자정지계
塵勞自淨頭陀 진로자정두타

안팎이 스스로 바른 것이 지계요
진로를 스스로 깨끗이 하는 것이 두타다.

乃至童子戲 내지동자희

乃至童子戲 내지동자희
聚沙爲佛塔 취사위불탑
如是諸人等 여시제인등
皆已成佛道 개이성불도

혹은 아이들이 놀면서라도 모래를 모아 부처님의 탑을 만든다면 이같은 모든 사람들은 다 이미 불도를 이룩함 이니라. 〈방편품〉

內則直指 내즉직지

內則直指乎一心外則 내즉직지호일심외즉
該通乎萬境方花卽果 해통호만경방화즉과
處染常淨此蓮之實相 처염상정차연지실상
也生佛本有淪變靡殊 야생불본유륜변미수
此心之實相也其狀虛 차심지실상야기상허
假其精甚眞此境之實 가기정심진차경지실
相也心境萬類通謂之 상야심경만류통위지
法精粗一致凡聖同源 법정조일치범성동원

안은 곧 일심을 가리키고 밖은 곧 만경과 통함이라. 꽃이 피는 것은 곧 결과요 물들지 않는 것은 항상 깨끗함이니 이는 연의 실상이요, 부처 나옴이 본래 있고 물 흘러 변함과 다르지 않으니 이는 마음의 실상이라. 그 현상이 비어 거짓이되 그 깨끗함이 참이라. 이는 경계 실상이라. 마음 경계는 만 가지나 법으로 통함이니 깨끗하고 더러움이 아니니 범부와 성인이 같은 근원이라.

能於來世 능어래세

能於來世　讀持此經 능어래세 독지차경

是眞佛子　住淳善地 시진불자 주순선지

능히 오는 세상에 이 경을 읽어 가지면 이는 참된 불자로 좋은 땅에 머무른다. 〈견보탑품〉

能以一音 능이일음

能以一音　普應衆聲　能以一身
示百千萬億那由他無量無數恒河沙身

능이일음 보응중성 능이일신
시백천만억나유타무량무수항하사신

능히 한 말씀으로써 널리 모든 중생의 여러 가지 말에 응하며 능히 한 몸으로써 百千만억 나유타의 한량없고 수없는 항하사의 몸을 보이느니라. 〈무량의경〉

能持是經 능지시경

能持是經(法華經)
兼行布施持戒忍辱精進一心智慧
其德最勝無量無邊

능지시경(법화경)
겸행보시지계인욕정진일심지혜
기덕최승무량무변

능히 이 경을 지니고 아울러 보시·지계·인욕·정진·일심·지혜를 행하라. 그 공덕을 수승하여 한량없고 끝이 없음이라.

能持是經者 능지시경자

能持是經者 능지시경자
樂說無盡藏 요설무진장
如風於空中 여풍어공중
一切無障礙 일체무장애

능히 이 경을 가지고 즐겨 끝없이 설하는 자는
마치 허공의 바람과 같아 일체에 걸리지 아니할 것이다.

茶偈[6] 다게

今將妙藥及茗茶 금장묘약급명다
奉獻靈山大法會 봉헌영산대법회
府鑑檀那虔懇心 부감단나건간심
願垂慈悲哀納受 원수자비애납수

지금 묘한 약과 이름난 차를 가지고
영산 대법회에 받들어 올리오니
신도들의 간절한 마음을 살펴
자비로서 받아 드시옵소서.

〈釋門儀範〉

檀 求佛智慧 단 구불지혜

檀 求佛智慧 단 구불지혜

6) 부처님께 차를 올릴 때 외우는 게송

戒　而被法服　계 이피법복
忍　閑處誦經　인 한처송경
進　勇猛爲道　진 용맹위도
禪　離欲修禪　선 이욕수선
智　智深志固　지 지심지고

부처님의 지혜를 구함이 檀이요, 법복을 입음으로 계율을 지키는 것이 戒다. 한적한 곳에서 경전을 읽는 것이 忍이요, 도를 닦는 데는 용맹스럽게 정진하는 것이 進이다. 탐욕을 떠나고 선정을 닦는 것이 禪이다. 깊은 지혜로 뜻을 굳게 하는 것이 智다.

但能擁護 단능옹호

但能擁護　단능옹호
受持法華名者　수지법화명자
福不可量　복불가량

다만 법화경의 이름만을 받아 가지는 자를 옹호할지라도 복을 가히 헤아리지 못한다. 〈다라니품〉

但當深信 단당심신

但當深信因果　단당심신인과
信一實道　知佛不滅　신일실도 지불불멸

마땅히 깊이 인과(因果)를 믿을 것이며, 일실(一實)의 도를 믿어서 부처님이 멸하지 아니하였음을 알지니라.

但樂受持 단락수지

但樂受持　大乘經典 단락수지 대승경전
乃至不受　餘經一偈 내지불수 여경일게

다만 대승경전을 받아 갖기를 즐거이 하고 다른 경전의 한 게송이라도 받지 말라. 〈비유품〉

端坐思實相 단좌사실상

端坐思實相 단좌사실상

단정히 앉아서 실상을 생각하라 〈관보현경〉

當生大信力 당생대신력

當生大信力 당생대신력

마땅히 온 힘을 다하여 믿을지니라 〈방편품〉

當知善知 당지선지

當知善知識者 당지선지식자
是大因緣　所謂化導 시대인연 소위화도
令得見佛 영득견불
阿耨多羅三藐三菩提 아뇩다라삼먁삼보리

마땅히 알라 선지식은 큰 인연이니라. 즉 교화하고 인도해서 부처님을 친견케 하고 아뇩다라삼먁삼보리의 마음을 일으키게 하느니라. 〈묘장엄왕본사품〉

當知是人 당지시인

當知是人　如來共宿 당지시인 여래공숙

마땅히 알라, 이 사람은 여래와 같이 잔다.

〈법사품〉

當知是處 당지시처

當知是處卽是道場 당지시처즉시도량
諸佛於此得 제불어차득
阿耨多羅三藐三菩提 아뇩다라삼먁삼보리
諸佛於此轉于法輪 제불어차전우법륜
諸佛於此而般涅槃 제불어차이반열반

이곳이 바로 도량이니 모든 부처님이 이곳에서 아뇩다라 삼먁삼보리를 얻으시며, 모든 부처님이 이곳에서 법륜을 전하시며, 모든 부처님이 이곳에서 열반에 드심이니라.

大覺圓發六瑞[7] 대각원발육서

說法入定雨花瑞 설법입정우화서
動地衆喜放光瑞 동지중희방광서

설법서 입정서 꽃비가 내리는 상서
천지가 진동 대중이 기뻐하자
온 세계가 빛으로 뒤덮인 상서. 〈法華經 序品〉

一. 說法瑞[8] 1. 설법서

從一實相 生無量法 종일실상 생무량법

하나의 진실한 모습으로부터
한량없는 법이 탄생한다. 〈法華經 序品 戒環疏〉

二. 入定瑞[9] 2. 입정서

如法端緒 一事一理 여법단서 일사일리

---

7) 이것은 법화경 설법의 단서를 나타내보인 것이므로 모든 법회는 이렇게 하면 법답고 즐겁다.
8) 설법도 상서로워야 한다. 법화경을 설하기 전 무량의경을 설했는데 그 법문을 듣고 모든 사람이 상서를 얻었다.
9) 입정도 즐거워야 한다.

一動一寂　其不無量 일동일적 기불무량

묘법의 단서로서 무량의처 삼매에 드니
일과 일이
낱낱 동정에
한량없이 나타난다.

〈法華經 序品 戒環疏〉

三. 雨花瑞[10) 3. 우화서

曼陁羅華 만다라화
摩訶曼陁羅華 마하만다라화
曼殊沙華 만수사화
摩訶曼殊沙華 마하만수사화

마음에 꼭 맞는 만다라화
크게 꼭 맞는 마하만다라화
부드럽고 즐거운 만수사화
크게 즐겁고 기쁜 마하만수사화

〈戒環疏〉

喝花偈 (一)[11) 꽃을 찬양함 (1)

牧丹花王含妙有 목단화왕함묘유
芍藥金蘂體芬芬 작약금예체분분
菡萏紅蓮同染淨 담함홍연동염정

10) 청법의 자리에는 듣는 자나 설하는 자가 이렇게 꽃처럼 부드럽고, 즐겁고, 마음에 꼭 맞아야 한다.
11) 할화게와 염화게는 꽃을 올린다는 것을 알리는 게송이다.

更生黃菊霜後新 갱생황국상후신

꽃 가운데 왕은 모란이요,
아름다운 꽃술은 작약이네.
붉은 꽃 봉오리 연화는 염정에 한결같으나
서리 온 뒤 국화는 더욱 새롭네. 〈釋門儀範〉

拈花偈 (二) 꽃을 들어 바치다 (2)

菩薩提華獻佛前 보살제화헌불전
由來此法自西天 유래차법자서천
人人本具經難恃 인인본구경난시
萬行新開大福田 만행신개대복전

보살이 꽃을 들어 부처님께 바친 뒤로
인도에서부터 이 법이 유래되었습니다.
사람 사람이 본래 갖추고 있는 경은 믿기 어려우나
만행으로 새롭게 대복전을 개척해가고 있습니다.
〈釋門儀範〉

頂戴偈 (三)[12] 정대게 (3)

題目未唱傾劒樹 제목미창경검수
非揚一句折刀山 비양일구절도산
運心消盡千生業 운심소진천생업

12) 정대게는 경전을 머리에 이고 외우는 게송이다.

何況拈來頂戴人 하황염래정대인

제목도 부르기 전에 검수도산이 무너지고
한 글귀를 외우기 전에 도산지옥이 무너졌다.
한 생각 움직이면 천생의 업도 녹아날 것인데
무엇 때문에 경을 이고 오는 사람을 기다릴 필요 있겠는가.
〈釋門儀範 齋供篇〉

四. 動地瑞[13] 4. 동지서

動起涌震吼擊相 동기용진후격상
翻破無明迷惑結 번파무명미혹결

동·기·용·진·후·격상은
6식 무명의 혹결을 쳐부수는 소리다. 〈法華經 序品〉

五. 衆喜瑞[14] 5. 대중이 기뻐하다

是諸大衆　得未曾有 시제대중 득미증유
歡喜合掌　一心觀佛 환희합장 일심관불

모든 대중이
일찍이 있지 못한 일을 보고
환희심으로 합장
일심으로 부처님을 우러러 바라보았다. 〈法華經 序品〉

13) 동지서는 천지가 진동하되 기쁜 마음이 나타나는 것을 말한다.
14) 중희서는 대중이 기뻐한 것을 말한다.

六. 放光瑞[15) 6. 방광서

一光東照八千土 일광동조팔천토
大地山河如杲日 대지산하여고일
卽是如來微妙法 즉시여래미묘법
不須向外謾尋覓 불수향외만심멱

한 빛이 동쪽으로 8천토를 비치니
대지산하가 대낮과 같다.
이것이 바로 여래의 미묘법이니
쓸데없이 밖을 향해 찾지 말라.

〈釋門儀範 說法偈〉

四法行 (一)[16) 사법행 (1)

雨法雨　吹法螺 우법우 취법라
擊法鼓　演法義 격법고 연법의

일미의 비로 흐뭇하게 축여주고
진리의 나팔소리 온 세계에 사무치네.
호령하는 북소리 중생심을 깨우쳐
한량없는 뜻으로써 묵은 밭을 갈아주네.

마른 것은 축여주고
막힌 것은 뚫어주고
굽은 것은 펴주고
맺힌 것은 풀어주네.

〈法華經 序品〉

---

15) 방광서는 부처님 몸에서 난 빛을 보고 불가사의한 일이 나타난 것을 말한다.
16) 설법의 네 가지 의식

日月燈明佛 (二)[17] 일월등명불 (2)

日晝月夜燈內明 일주월야등내명
相續無窮如來智 상속무궁여래지

해는 낮에 비추고
달은 밤에 비추고
등불은 안을 비춘다.
끝없이 상속되는 여래의 지혜도 마찬가지다.

〈法華經 方便品〉

如來常說法 (三)[18] 여래상설법 (3)

初善中善最後善 초선중선최후선
其義深遠語巧妙 기의심원어교묘
純一無雜皆清淨 순일무잡개청정
如是如來常說法 여시여래상설법

처음도 좋고, 중간도 좋고, 끝도 좋고
그 뜻이 깊고 멀어 말까지 교묘하네.
순일무잡 다 청정하니,
이것이 여래께서 항상 설하는 법이다. 〈法華經 方便品〉

17) 부처님 이름이 왜 '일월등명' 인가를 밝힌 곳이다.
18) 부처님 설법의 특징을 설명한 곳

唯有一乘法 (四)[19] 오직 일승법이 있다(4)

聲聞四諦老病死 성문사제노병사
辟支因緣解脫法 벽지인연해탈법
菩薩六度萬行法 보살육도만행법
究竟菩提一切智 구경보리일체지

성문에게 4제법문을 설하여 생로병사의 고통을 여의게 하고
벽지불에겐 인연법을 설하여 해탈열반을 얻게 하고
보살들에겐 육도만행을 설하여
마침내 보리를 얻고 일체지를 성취하게 하셨다.

〈法華經 方便品〉

文殊 · 彌勒證 (五)[20]
문수와 미륵이 증명하다 (5)

妙光文殊世間眼 묘광문수세간안
求名彌勒慈氏行 구명미륵자씨행

묘광문수는 세간의 눈이고
구명미륵은 사랑의 행을 실천했네. 〈法華經 方便品〉

燃燈佛 (六)[21] 연등불 (6)

燈明之道續燃燈 등명지도속연등

---

19) 왜 일승인가를 밝힌 곳
20) 법화경에 문수 · 미륵이 나타나 부처님 출세의 이유를 밝힌 곳
21) 과거 연등부처님의 내력을 밝혔다.

釋迦傳續八王子 석가전속팔왕자

일월등명의 도가 연등부처님께 전해지니
석가부처님은 8왕자에게 전속하였다. 〈法華經 方便品〉

大安心處 대안심처

大安心處 대안심처

크게 안심할 곳

大王 대왕

大王	대왕
彼雲雷音宿王華智佛	피운뇌음수왕화지불
廣說法華經　是我等師	광설법화경 시아등사
我是弟子	아시제자

대왕이시여, 저 운뇌음수왕화지불께서…… 널리 「법화경」을 설하시려 하오니, 이 분은 우리들의 스승이요, 우리들은 이분의 제자입니다.

大雄猛世尊 대웅맹세존

大雄猛世尊 대웅맹세존
常欲安世間 상욕안세간
願賜我等記 원사아등기
如飢須敎食 여기수교식

대웅맹 세존께서는 항상 세상을 안락케 하고자 하심이니, 원컨대 우리들에게 수기를 주옵소서. 마치 주린 사람이 가르침을 받고 먹음과 같으오리다.

大雄聖者[22] 대웅성자

唯一佛乘　圓頓信解 유일불승 원돈신해
直信直行　聖者大雄 직신직행 성자대웅

오직 일불승 불교를 당장 깨달아 얻고
바로 신행하면 이 사람이 큰 성인이고 영웅이다.

〈法華經 法師品〉

大依之處 대의지처

大依之處 대의지처

크게 의지할 곳

22) 위대한 인격자

度脫衆生 도탈중생

度脫衆生　皆實不許 도탈중생 개실불허

중생을 제도하여 해탈케 하면
다 참되어 허망하지 않으리라.

道風德香 도풍덕향

道風德香薰一切 도풍덕향훈일체
智恬泊慮凝靜 지념박려응정
意滅識亡心亦寂 의멸식망심역적

도덕의 향기의 바람이 일체를 감돌며 지혜는 밝고 조용하며 정은 맑고 조용하니 생각은 고요한데 이르러 뜻도 멸하고 식도 없어져 마음이 또한 적멸하다.

〈무량의경덕행품〉

讀大乘經 독대승경

讀大乘經　誦大乘經 독대승경 송대승경
思大乘義　念大乘事 사대승의 염대승사
恭敬供養　持大乘者 공경공양 지대승자

대승경을 읽고 대승경을 외우고 대승의 뜻을 생각하고 대승의 일을 염(念)하고 대승 가진 자를 공경하고, 공양하라.

〈관보현보살행법경〉

獨處閑靜 독처한정

獨處閑靜　樂誦經典 독처한정 낙송경전
勇猛精進　思惟佛道 용맹정진 사유불도

홀로 고요한 곳에서 즐겨 경전을 읽으며
용맹 정진으로 불법을 생각한다.

頓證法身[23] 돈증법신

煩惱頓證八萬門 번뇌돈증팔만문
萬善具福圓滿成 만선구복원만성
無念無相無住行 무념무상무주행
太虛空中雁飛跡 태허공중안비적

번뇌로써 당장 법신(八萬門)을 깨달으면
만 가지 선과 복을 구족 성취하여
무념·무상·무주행으로
허공 가운데 기러기 나는 것 같느니라. 〈戒環疏〉

同德法侶 동덕법려

同德法侶 동덕법려

法을 가까이 하는 자는 부처님과 같은 덕을 이룬다.

---

23) 깨달음의 모습에는 돈점의 차이가 있다.

頭陀行者[24) 두타행자

經典通達　分別無礙 경전통달 분별무애
精進梵行　說法妙解 정진범행 설법묘해

경전에 통달하고 분별함에 걸림이 없고
정진 범행으로 설법하여 묘하게 이해시킨다.

〈法華經 法師品〉

得大勢 득대세

得大勢　於意云何 득대세 어의운하
爾時常不輕菩薩 이시상불경보살
豈異人乎　則我身是 기이인호 즉아신시

득대세야, 너의 생각이 어떠한고. 그때, 상불경보살이 어찌 다른 사람이겠느냐. 곧 나의 몸이니라.

燈明知體 등명지체

燈明知體　普賢行門 등명지체 보현행문
法以明心　裏物觀妙 법이명심 이물관묘

지혜의 등불로 몸을 밝히고 어진 행으로 넓은 문을 삼아
법으로써 마음을 밝히고 사물 속에서 묘법을 관한다.

---

24) 두타행자는 번뇌의 티끌을 털어 없애고 의·식·주에 탐착하지 않으며 청정한 불도를 수행하여 중생을 제도하는 사람이다.

登床偈[25] 등상게

遍登獅子座 편등사자좌
共臨十方界 공임시방계
蠢蠢諸衆生 준준제중생
引導蓮華界 인도연화계

시방세계 사람들이 모두 다 모였으니
높이 사자좌에 오르시어 어리석은 중생들을
연화계로 인도 하옵소서.

〈釋門儀範〉

力 력

力 력

사람이 하는 행동이 이 경우에 적당한가 적당하지 않은가를 아는 지혜의 힘과 사람들의 과거·현재·미래 삼세업보를 아는 지혜의 힘과 어떠한 환경에도 마음이 흔들리지 않고 조용히 생각해 보는 지혜의 힘과 법을 듣는 사람들의 근기를 아는 지혜의 힘과 법을 듣는 사람에 따라 이해하는 정도를 아는 지혜의 힘과 사람들의 환경과 신분을 잘 아는 지혜의 힘과 모든 사람의 현재 상태를 보고 앞으로 나아갈 길을 가르쳐 인도하는 지혜의 힘과 사람들의 마음과 사물의 참모습을 잘 아는 지혜의 힘과 전생으로부터 이미 정해져 있는 여러 가지 미혹된 일을 제거하는 방법을 아는 지혜의 힘과 사람들의 나쁜 버릇을 뿌리채 완전히 뽑아 없애는 지혜의 힘 등 세상과 중생을 구원하는 열 가지 부처님의 힘인 십력과

〈법화경 서품〉

25) 법사님이 법상에 오를 것을 청하는 게송

每自作是念 매자작시념

每自作是念 매자작시념
以何令衆生 이하령중생
得入無上道 득입무상도
速成就佛身 속성취불신

매양 스스로 이같은 생각을 하되 어떻게 하여서 중생으로 하여금 무상도에 들어 속히 불신(佛身)을 이룩하게 할까 하노라.
〈여래수량품〉

明暗色空[26] 명암색공

物物燈明智體 물물등명지체
步步普賢行門 보보보현행문

(밝고 어둡고 물질이고 정신이고)
물건과 물건이 다 등명의 지체이고
걸음 걸음이 보현의 행문이다.
〈中. 天台智顗〉

母告子言 모고자언

母告子言 모고자언
汝父信受外道 여부신수외도
深著婆羅門法 심착바라문법

26) 중국 천태종의 조사. 止觀을 닦아 心性이 맑고 깨끗하였다 한다.

汝等應往白父與共俱去 여등응왕백부여공구거

어머니가 아들에게 말하되, 너희 아버지께서 외도를 믿어 깊이 바라문법에 집착하고 있으니 너희는 가서 아버지께 말씀드려 함께 가도록 하자.

妙法 (一) 묘법 (1)

一事一相　無非妙法 일사일상 무비묘법

낱낱의 일과 모습이 묘법 아닌 것이 없다. 〈日本 日蓮〉[27)]

妙法 (二) 묘법 (2)

六趣所造　生死輪廻 육취소조 생사윤회
諸佛修證　解脫自在 제불수증 해탈자재

육취중생은 이것에 어두어 생사에 윤회하고
모든 부처님들은 이것을 깨달아 해탈자재한다.〈日本 日蓮〉

妙法 (三) 묘법(3)

言詞不可示 언사불가시
分別不能解 분별불능해

---

27) 일련스님은 일본 법화종의 시조이다.

말로 가히 다 보일 수 없고
분별로 능히 이해할 수 없다. 〈高麗 諦觀〉[28]

妙法實際 묘법실제

妙法實際　一切圓融 묘법실제 일체원융
物我不分　古今一致 물아불분 고금일치

法華經의 실제는 일체가 원융해서 만물과 내가
나누어지지 아니하여 옛과 지금이 일치하여 같다.

妙法蓮華經 (一) 묘법연화경 (1)

薩達摩奔茶利迦蘇多覽 살달마분다리가소다람
सद–धरम–पणडऋक–सऊतर
sad-dharma-pundarika-sutram
自性之秘名 淨心之密號 자성지비명 정심지밀호

인도말로
'삿다르마 픈다리카 소다남' 인데
자기 성품의 비명이고
깨끗한 마음의 밀호이다. 〈日. 空海撰[29] 法華經解題〉

---

28) 〈天台四敎義〉의 저자. 고려스님
29) 공해스님은 일본스님으로 범어와 밀교에 정통한 스님이다.

妙法蓮華經 (二) 묘법연화경 (2)

諸佛如來秘密之藏 제불여래비밀지장
俾皆得度超證菩提 비개득도초증보리

제불여래의 비밀 창고이므로
이를 의지하면 누구나 깨달음을 얻어 제도될 수 있다.[30]
〈明 太宗 文皇帝〉

妙法蓮華經 (三) 묘법연화경 (3)

萬善之豊田 만선지풍전
長遠之神藥 장원지신약

만선의 풍요한 밭이고
영원한 생명의 신약이다. 〈日. 聖德太子 法華義疏〉[31]

妙法蓮華經 (四) 묘법연화경 (4)

統諸佛降靈之本致 통제불강영지본치

모든 부처님들이 탄생하게 된 동기를 밝힌 경전이다.[32]
〈中國 唐 終南山 道宣〉

---

30) 명나라 태종 문황제가 어제 법화경 서문에 이렇게 썼다.
31) 일본 성덕태자가 법화의소를 지으며 이렇게 썼다
32) 중국 당나라 도선스님이 법화경 서문에 이렇게 썼다.

妙法蓮華經 (五) 묘법연화경 (5)

諸佛究竟之極談 제불구경지극담

모든 부처님들이 맨 마지막 설하신 진리이다.

〈中國 吳. 智旭〉[33)]

妙法蓮華經 (六) 묘법연화경 (6)

諸佛之本宗 제불지본종
千經之輨轄 천경지관할
一心之元鑑 일심지원감
實相之妙門 실상지묘문

모든 부처님의 근본이고
천경 만론의 줏대이며
일심의 거울이고
실상의 묘한 문이다.

〈福州 上生禪院 及南〉[34)]

妙法蓮華經 (七) 묘법연화경 (7)

希望太陽　源泉佛教 희망태양 원천불교
了義大法　體得大道 요의대법 체득대도

희망의 태양

---

33) 중국 오나라 지욱스님이 법화경소 서문에 이렇게 썼다.
34) 중국 복주 상생선원 급남스님이 법화경 서문을 쓰면서 이렇게 썼다.

원천불교다.
확실하게 큰 법을 알고
큰 도를 깨닫게 하는 가르침이다. 〈大韓民國 法華〉[35]

妙法蓮華經 (八) 묘법연화경 (8)

永遠安息實相鄕 영원안식실상향
苦海休息涅槃城 고해휴식열반성
無上正徧正等覺 무상정변정등각
世界平和人類福 세계평화인류복

영원한 안식처요 실상의 고향이며
삼계고해의 휴식처이고, 상 · 락 · 아 · 정의 열반성이다.
위 없는 바른 깨달음 평등하게 이루어
세계평화 인류의 행복을 누린다. 〈日. 후지스님〉[36]

妙法蓮華經 (九) 묘법연화경 (9)

直以萬法明一心 직이만법명일심
卽幻化而示實相 즉환화이시실상

바로 만법을 일심으로써 밝히고
환화가 곧 실상임을 보였다. 〈福州 上生禪院 及南〉[37]

---

35) 한국 법화행자의 지표라고 할 수 있는 이법화스님이 그의 저서에서 이렇게 썼다.
36) 세계 각국에 불교평화탑을 세우고 세계평화를 기원한 후지스님이 이렇게 말했다.
37) 복주 상생선원 급남스님이 법화문구의 서문을 쓰면서 이렇게 썼다.

妙法蓮華經 (十) 묘법연화경 (10)

十方三世諸佛 시방삼세제불
出世之大意 출세지대의
九道四生咸入 구도사생함입
一道弘門也 일도홍문야
文巧義深 無妙不極 문교의심 무묘불극
辭敷理泰 無法不宣 사부이태 무법불선
文辭巧敷 花而含實 문사교부 화이함실
義理深泰 實而對權 의리심태 실이대권

시방삼세 모든 부처님들이 출세하신 큰 뜻이고
구도사생이 다같이 한 도에 들어가는 넓은 문이다.
글은 교묘하여 뜻이 깊고 지극하며
말은 큰 이치를 나타내 진리를 펴지 아니함이 없다.
그러므로 글과 말에는 꽃 속에 열매를 머금은 것 같고
일과 이치는 깊고 커서 진실과 방편을 겸했다.

<新羅 元曉[38] 法華經宗要>

妙法蓮華經總字數 묘법연화경총자수

二十八品 總計 이십팔품 총계
六萬八千九百四十四字 육만팔천구백사십사자
第一 序品 · 方便品 제일 서품 · 방편품

38) 우리나라 신라 때 원효스님이 법화경종요에서 이렇게 밝혔다. 9도 4생은 3계 6도 중생을 생의 차별과 삶의 방법을 따라 태 · 난 · 습 · 화 · 유색 · 무색 · 유상 · 무상 · 비유상 · 비무상으로 구분한 것이다.

四千一百七十二	사천일백칠십이
四千七百一十六	사천칠백일십육
第二 譬諭・信解品	제이 비유・신해품
六千五百九十一	육천오백구십일
三千二百六十九	삼천이백육십구
第三 藥草・授記・化城喩	제삼 약초・수기・화성유
一千六百五十九	일천육백오십구
一千七百二十字	일천칠백이십자
五千九百空七言	오천구백공칠언
第四 五百弟子授記品・	제사 오백제자수기품・
授學無學人記・法師・	수학무학인기・법사・
寶塔・達・持品	보탑・달・지품
二千三百字	이천삼백자
一千二百三十七	일천이백삼십칠
二千一百六十三	이천일백육십삼
二千六百三十二	이천육백삼십이
一千七百二十九	일천칠백이십구
一千一百九十四	일천일백구십사

28품 총계 68944자

제1권 서품・방편품 8888자

서품 4172자　방편품 4716자

제2권 비유품 · 신해품 9860자

비유품 6591자 신해품 3269자

제3권 약초유품 · 수기품 · 화성유품 9286자

약초유품 1659자 수기품 1720자

화성유품 5907자

제4권 오백제자수기품 · 수학무학인기품 · 법사품
견보탑품 · 제바달다품 · 지품 11255자

오백제자수기품 2300자 수학무학인기품 1237자

법사품 2163자 견보탑품 2632자

제발달다품 1729자 지품 1194자

妙音菩薩 묘음보살

妙音菩薩　於萬二千歲 묘음보살 어만이천세
以十萬種伎樂 이십만종기악
供養雲雷音王佛 공양운뇌음왕불
幷奉上八萬四千七寶鉢 병봉상팔만사천칠보발

묘음보살은 만이천년을 십만 가지의 기악으로써 운뇌음왕불을 공양하고, 아울러 팔만사천 칠보로 된 발우를 공양했다.

無價寶珠 무가보주

無價寶珠　貿易所須 무가보주 무역소수

대승은 값으로 따질 수 없는 마니주 보배니 돈을 주고 물건을 사거나 없는 것을 바꾸어 얻는 것처럼 마음대로 하여 항상 뜻과 같이 모자람이 없다.

無垢淸淨光 무구청정광

無垢淸淨光 무구청정광
慧日破諸暗 혜일파제암

때 없는 청정한 광명이
지혜의 해와 같아 모든 어둠을 타파하느니라.

無漏不思議 무루불사의

無漏不思議 무루불사의
甚深微妙法 심심미묘법
我今已具得 아금이구득
唯我知是相 유아지시상
十方佛亦然 시방불역연

번뇌없고 부사의한 지극하게 깊고깊은 미묘법을 내가이미 구족하게 얻었으니 오직내가 이모양을 자세하게 알았으며 시방세계 부처님도 또한알고 계시니라 〈법화경 서품〉

無多貪慾 무다탐욕

無多貪慾　瞋恚	무다탐욕 진에
愚癡　嫉妬	우치 질투
慳慢不　無不孝父母	간만불 무불효부모
不敬沙門　邪見不善心	불경사문 사견불선심
不攝五情不	불섭오정불

탐욕과 성냄과 어리석음과 질투와 인색함과 교만함이 많지 않나이까. 부모에게 효도하지 않으며 사문을 공경하지 아니하는 일은 없나이까. 사견과 선하지 않은 마음으로 오정(情)에 탐착하지나 않나이까. 〈묘음보살품〉

無量 무량

無量 무량

즉 모든 사람들을 더 행복하게 하여 주겠다는 마음인 자심(慈心)과 모든 사람들의 괴로움을 덜어 주고자 하는 마음인 비심(悲心)과 모든 사람들의 행복을 함께 기뻐해 주는 마음인 희심(喜心)과 모든 사람들에게 베푼 일에 대해 보답을 바라지 않고 남으로부터 받은 피해도 모두 용서해 주는 마음인 사심(捨心) 등 네 가지 사랑의 한량없는 마음인 사무량심과 〈법화경 서품〉

無明滅則 무명멸즉

無明滅則行滅　무명멸즉행멸
行滅則識滅　행멸즉식멸
識滅則名色滅　식멸즉명색멸
名色滅則六入滅　명색멸즉육입멸
六入滅則觸滅　육입멸즉촉멸
觸滅則受滅　촉멸즉수멸
受滅則愛滅　수멸즉애멸
愛滅則取滅　애멸즉취멸
取滅則有滅　취멸즉유멸
有滅則生滅　유멸즉생멸
生滅則老死憂悲苦惱滅　생멸즉노사우비고뇌멸

무명(無明)이 멸하면 곧 행(行)이 멸하고, 행이 멸하면 곧 식(識)이 멸하고, 식이 멸하면 곧 명색(名色)이 멸하고, 명색이 멸하면 곧 육입(六入)이 멸하고, 육입이 멸하면 곧 촉(觸)이 멸하고, 촉이 멸하면 곧 수(受)가 멸하고, 수가 멸하면 곧 애(愛)가 멸하고, 애가 멸하면 곧 취(取)가 멸하고, 취가 멸하면 곧 유(有)가 멸하고, 유가 멸하면 곧 생(生)이 멸하고, 생이 멸하면 곧 노사(老死)의 우비고뇌(憂悲苦惱)가 멸하느니라. 〈화성유품〉

無明暗蔽 무명암폐

無明暗蔽　永盡無餘　무명암폐 영진무여

무명과 어둠이 영원히 없어져 남음이 없다.

無上兩足尊 무상양족존

無上兩足尊 무상양족존
願說第一法 원설제일법
我爲佛長子 아위불장자
唯垂分別說 유수분별설
是會無量衆 시회무량중
能敬信此法 능경신차법
佛已曾世世 불이증세세
敎化如是等 교화여시등
皆一心合掌 개일심합장
欲聽受佛語 욕청수불어
我等千二百 아등천이백
及餘求佛者 급여구불자
願爲此衆故 원위차중고
唯垂分別說 유수분별설
是等聞此法 시등문차법
則生大歡喜 즉생대환희

가장높은 법왕이며 거룩하신 세존이여 원하오니 제일법을 말씀하여 주옵소서 바라건대 저는이제 부처님의 장자이니 알기쉽게 가리시어 말씀하여 주옵소서 이법회에 모여있는 한량없는 대중들은 이법문을 공경하고 굳게믿을 것입니다 부처님은 일찍이 출현하신 세상마다 이와같은 대중들을 교화하여 주셨으니 저희들은 모두같이 일심으로 합장하고 부처님의 그 말씀을 듣고자 하옵니다 저희들의 일천이백 모든대중 그밖에도 깨달음을 구하는이 이

중생들 위하시어 원하오니 알기쉽게 말씀하여 주옵소서
이대중들 법문듣고 크게기뻐 하오리다 〈법화경 서품〉

無上正偏智 무상정변지

無上正偏智 무상정변지
智德合一 轉迷開悟 지덕합일 전미개오
一念三千 無上正偏智 일념삼천 무상정변지

無上尊 무상존

如蓮華 不着水 여연화 불착수
心淸淨 超於彼 심청정 초어피
稽首禮 無上尊 계수례 무상존

연꽃처럼 물듦이 없이
항상 그렇게 마음이 깨끗하신
무상존 부처님께 귀의합니다.

無生法忍者 무생법인자

無生法忍者 무생법인자
證妙法之體 증묘법지체
法華三昧者 법화삼매자
得實相之用 득실상지용

무생 법인자는 묘법의 체를 증득한 자이고
법화 삼매자는 실상의 용을 얻은 자이다.

無所畏 무소외

無所畏　禪定解脫三昧 무소외 선정해탈삼매
深入無際 심입무제
成就一切未曾有法 성취일체미증유법

사무소외와 조용히 진리에 정신을 집중하여 움직이지 않는 선정과 모든 괴로움에서 벗어나 참다운 마음의 평화를 얻는 해탈과 평온한 일념으로 염불이 계속되는 정신통일의 삼매에 깊이 들어가서 지금까지 알지 못하고 이루지 못했던 법을 성취하였느니라. <법화경 서품>

無數方便 무수방편

無數方便引導衆生 무수방편인도중생
令離諸着　所以者何 영이제착 소이자하
如來方便知見波羅密 여래방편지견바라밀
皆已具足 개이구족

수없이 많은 방편으로 중생들을 인도하여 모든 집착을 여의게 하였으니, 이것은 부처님이 방편바라밀과 지견바라밀을 다 갖춘 공덕이니라. 〈법화경 서품〉

無礙 무애

無礙 무애

가르침의 내용이 완전무결하여 누구에게나 타당한 절대의 진리인 법무애와 가르침의 설명이 완전무결하여 누구든지 다 이해하게 되는 의무애와 가르침을 설하는데 가장 적절한 말을 자유자재로 사용하여 누구나 알아 들을 수 있는 사무애와 가르침을 설하는데 남이 감사하건 미워하건 비웃고 욕하고 돌과 몽둥이로 때리고 목숨까지 빼앗을지라도 언제나 고맙고 기쁜 마음으로 설법하는 요설무애 등 네 가지 자유자재한 마음인 사무애와

<법화경 서품>

無礙智[39] 무애지

全體智部分智　전체지부분지
一切智經驗智　일체지경험지
世間智出世智　세간지출세지
自在時空無礙　자재시공무애
過去現在未來世　과거현재미래세
始終一貫卽通達　시종일관즉통달
東西南北十方界　동서남북시방계
只尺瞬間自在往　지척순간자재왕

전체지와 분별지

39) 걸림 없는 지혜의 정의

일체지와 경험지
세간지와 출세지
시공자재 무애지
과거 현재 미래세를
시종일관 바로 통하고
동서남북 시방세계를
지척처럼 순간에 왕래한다.

〈戒環疏〉

無畏力勇猛 무외력용맹

無畏力勇猛 무외력용맹
不退地精進 불퇴지정진

두려움 없는 힘을 용맹이라 하고 물러남이 없는 것이 정진이다.

聞法功德[40] 법을 들으면

現世安穩　後生善處 현세안온 후생선처
以道受樂　離諸障礙 이도수락 이제장애

이 세상에서 안온하고
후세에는 선처에 나며
도로써 즐거움을 받아
모든 장애에서 벗어난다.

〈法華經 方便品〉

40) 법문을 듣는 공덕

聞法歡喜 문법환희

聞法歡喜　證不退智 문법환희 증불퇴지

진리 법을 듣고 환희심을 내어 물러남이 없는 지혜를 증득한다.

文殊師利 문수사리

又文殊師利　如來滅後 우문수사리 여래멸후
於末法中欲說是經 어말법중욕설시경
應住安樂行 응주안락행

또, 문수사리야, 여래가 멸도한 후에 말법 중에서 이 경전을 설하고자 하면 마땅히 안락행에 머무를지니라.

文殊師利 문수사리

文殊師利　諸佛子等 문수사리 제불자등
爲供舍利　嚴飾塔廟 위공사리 엄식탑묘
國界自然　殊特妙好 국계자연 수특묘호
如天樹王　其華開敷 여천수왕 기화개부

문수사리 법왕자여 많고많은 불자들이 불사리에 공양하니 모든탑이 장엄되고 이세계가 자연으로 찬란하게 아름다워 도리천의 정원같이 보배꽃이 만발하네 〈법화경 서품〉

文殊師利言 문수사리언

文殊師利言　我於海中唯常宣說妙法華經

문수사리언 아어해중유상선설묘법화경

문수사리가 말하되, 나는 바다 가운데에서 오직 늘 묘법연화경을 선설하였다.

聞我說壽 문아설수

聞我說壽命長遠　　　문아설수명장원
深心信解　則爲見佛　심심신해 즉위견불
常在耆闍堀山　　　　상재기사굴산
共大菩薩　諸聲聞衆　공대보살 제성문중
圍繞說法　　　　　　위요설법

나의 수명의 장원함을 듣고 깊은 마음으로 믿고 해석하면 이는 곧 부처님께서 항상 기사굴산에 계시어 대보살과 모든 성문 대중에게 위요되심과 설법하심을 보리라.

〈분별공덕품〉

未能自度 미능자도

未能自度　已能度彼　미능자도 기능도피
猶如船師　身嬰重病　유여선사 신영중병
四體不御　安止此岸　사체불어 안지차안

有好堅牢舟船 유호견뢰주선
常辨諸度　彼者之具 상변제도 피자지구
給與而去 급여이거

스스로는 제도되지 못하였을지라도 능히 저들을 제도하리라. 뱃사공이 무거운 병에 걸려 있어 팔과 다리가 자유롭지 못하여 이쪽 언덕에 머물러 있을지라도 튼튼한 좋은 배와 모든 건너는 기구를 그들에게 주어서 떠나 보내는 것과 같다. 〈무량의경 십공덕품〉

未度者令度 미도자령도

未度者令度 미도자령도
未解者令解 미해자령해
未安者令安 미안자령안
未涅槃者令得涅槃 미열반자령득열반

아직 제도하지 못한 자를 제도하고, 알지 못한 자를 알게 하며, 편안치 않은 자를 편안케 하고, 열반을 얻지 못한 자를 열반을 얻게 하느니라.

未來諸世尊 미래제세존

未來諸世尊 미래제세존
其數無有量 기수무유량
是諸如來等 시제여래등

亦方便說法 역방편설법
一切諸如來 일체제여래
以無量方便 이무량방편
度脫諸衆生 도탈제중생
入佛無漏智 입불무루지
若有聞法者 약유문법자
無一不成佛 무일불성불
諸佛本誓願 제불본서원
我所行佛道 아소행불도
普欲令衆生 보욕령중생
亦同得此道 역동득차도
未來世諸佛 미래세제불
雖說百千億 수설백천억
無數諸法門 무수제법문
其實爲一乘 기실위일승
諸佛兩足尊 제불양족존
知法常無性 지법상무성
佛種從緣起 불종종연기
是故說一乘 시고설일승
是法住法位 시법주법위
世間相常住 세간상상주
於道場知已 어도량지이
導師方便說 도사방편설

오는세상 부처님도 그수효가 한량없어 이에모든 여래들

도 방편으로 설법하리 일체모든 부처님은 한량없는 방편으로 모든중생 건져내어 부처지혜 얻게하니 이런법문 들은이는 모두모두 성불하네 부처님들 본래서원 내가행한 불도로써 중생들도 모두같이 성불하게 함이니라 오는세상 부처님들 셀수없는 백천만억 많은법문 설하지만 그내용은 일승이라 성품없는 진실한법 양족존은 알지마는 부처되는 종자들이 인연따라 생기므로 말씀하신 일승의법 그자리에 머물면서 세간모습 이미알고 방편으로 말하니라 〈법화경 서품〉

微妙淨法身 미묘정법신

微妙淨法身 미묘정법신
具相三十二 구상삼십이
以八十種好 이팔십종호
用莊嚴法身 용장엄법신

미묘하고 깨끗한 법신(法身) 三十二상을 다 갖추고 八十종호로써 법신을 장엄함이니. 〈제바달다품〉

未發心者 미발심자

未發心者 發菩提心 미발심자 발보리심

아직 발심하지 못한 보살을 능히 보리심을 일으키게 한다.

未曾說汝等 미증설여등

未曾說汝等 미증설여등
當得成佛道 당득성불도
所以未曾說 소이미증설
說時未至故 설시미지고
今正是其時 금정시기시
決定說大乘 결정설대승

아직 너희들에게 성불의 도를 얻는 것을 설하지 아니하였노라. 일찍이 설하지 아니한 까닭은 설할 때가 되지 않은 연고이니, 지금이 바로 이 때라 결정코 대승을 설하노라.
〈방편품〉

發救一切衆生心 발구일체중생심

發救一切衆生心 발구일체중생심

중생을 구하려는 마음

方便[41] 방편

諸法寂滅相 제법적멸상
不可以宣言 불가이선언
三周於九喩 삼주어구유
百界千如是 백계천여시
開示佛知見 개시불지견
出世本懷明 출세본회명

모든 법의 적멸한 모습은
말로 선언할 수 없으므로
3주와 9유를 빌려
백계 천여시를 밝힘으로서
불지견을 열어 보여
출세계의 본회를 밝혔다.

〈法華經 方便品〉

一. 權實二智[42] 1. 권실 2지

方便導生　權實二智 방편도생 권실이지
權智方便　實智知見 권지방편 실지지견

중생을 제도하는 방편은 권 · 실 2지이다.
권지는 방편이고 실지는 지견바라밀이다. 〈法華經 方便品〉

---

41) 언어와 행은 그 속마음을 이해시키는 편리한 방법이다. 三周는 說法 · 譬喩 · 因緣周를 말하고, 九喩는 법화경에 나오는 아홉 개의 비유인데,
① 三界火宅喩 ② 長子窮兒喩 ③ 藥草喩 ④ 化城喩 ⑤ 衣珠喩 ⑥ 穿井喩 ⑦ 王髻喩 ⑧ 父少喩 ⑨ 醫師喩

42) 방편과 진실의 특징을 설한 곳. 다음 권지설법은 언어의 방편이다.

二. 權智說法 2. 권지설법

種種分別　巧說諸法 종종분별 교설제법
言詞柔軟　悅可衆心 언사유연 열가중심

모든 법을 갖가지로 분별하되
그 말이 부드러워
대중들을 즐겁게 한다. 〈法華經 方便品〉

三. 實智證法[43)] 3. 실지증법

如空含色　如海約流 여공함색 여해약류
如來知見　廣大深遠 여래지견 광대심원

허공이 모든 색을 싸고 있듯
바다가 온갖 흐름을 받아들이듯
여래의 지견은
넓고 크고 깊고 그윽하다. 〈法華經 方便品〉

四. 實相妙法 4. 실상묘법

唯佛與佛　乃能究盡 유불여불 내능구진

오직 부처와 부처님만이
알 수 있는 것이다. 〈法華經 方便品〉

---

43) 체험이 없는 것은 그림 속의 떡이다. 그래서 경험자만이 알 수 있는 것이 실상묘법이다.

法相如是 법상여시

法相如是　生如是法 법상여시 생여시법
法相如是　住如是法 법상여시 주여시법
法相如是　異如是法 법상여시 이여시법
法相如是　滅如是法 법상여시 멸여시법
法相如是　能生惡法 법상여시 능생악법
法相如是　能生善法 법상여시 능생선법
住異滅者　亦復如是 주이멸자 역부여시

법의 상이 이와 같아서 이와 같은 법을 낳음이라. 법의 상이 이와 같아서 이와 같은 법이 머무름이라. 법의 상이 이와 같아서 이와 같은 법을 다르게 함이라. 법의 상이 이와 같아서 이와 같은 법을 멸함이라. 법의 상이 이와 같아서 능히 악법(惡法)을 낳게 하며, 법의 상이 이와 같아서 능히 선법(善法)을 낳게 함이라. 머무르는 것도 다르게 되는 것도 멸하게 되는 것도 또 다시 이와 같음이라.

〈무량의경 설법품〉

法王[44] 법왕

我爲法王法自在 아위법왕법자재
安穩衆生故現世 안온중생고현세

나는 법왕이 되어 법에 자재하므로
중생들을 편안하게 하기 위해 이 세상에 태어났느니라.

〈法華經 方便品〉

---

44) 법왕의 정체를 밝힌 글

法王無上尊 법왕무상존

法王無上尊 법왕무상존
唯說願勿慮 유설원물려
是會無量衆 시회무량중
有能敬信者 유능경신자

만법의 주인이며 가르침의 법왕이신 거룩하신 세존이여 원하옵고 원하오니 염려하지 마옵시고 말씀하여 주옵소서 여기모인 한량없는 많고 많은 대중들은 그 가르침 공경하고 굳게 믿을 것입니다 〈법화경 서품〉

法財[45] 진리의 재물

至誠布施法財具 지성보시법재구
恭敬禮拜心身養 공경예배심신양
主師親而三德滿 주사친이삼덕만
身命財而三法固 신명재이삼법고

지성으로 보시하여 법재를 구족하고
공경으로 예배하여 신심을 가꾸면
주 · 사 · 친 3덕이 원만해지고
신 · 명 · 재 세 법이 견고해진다. 〈法華文句〉

45) 진리의 보배를 배양하다.

法華偈[46] 법화게

諸法從本口來 제법종본래
常自寂滅相 상자적멸상
佛子行道已 불자행도이
來世得作佛 내세득작불

모든 법은 본래부터 항상 스스로 고요하다.
불자가 그러한줄 알면 즉시 부처가 된다. 〈法華疏〉

法華經 (一) 법화경 (1)

法王之明珠 법왕지명주
大士之安車 대사지안거

법왕의 밝은 구슬이고
대사의 편안한 자가용이다. 〈日. 東大寺 遍照闍梨〉[47]

法華經 (二) 법화경 (2)

諸佛智見 衆生心性 제불지견 중생심성

제불의 지견이고
중생의 심성이다. 〈日. 東大寺 眞言院〉[48]

---

46) 흔히 법화경 4구게라 한다.
47) 동대사는 일본에 있는 큰 절이다. 사리는 아사리로 軌範師, 教授師, 正行師라 번역한다. 여기에는 출가아사리, 갈마아사리, 교수아사리, 수경아사리, 의지아사리 등이 있다.
48) 진언원은 동대사 안에서 밀교를 중심으로 교육하는 장소이다.

法華經 略纂偈[49] 법화경 약찬게

一乘妙法蓮華經 일승묘법연화경
寶藏菩薩略纂偈 보장보살약찬게
南無華藏世界海 나무화장세계해
王舍城中耆闍窟 왕사성중기사굴
常住不滅釋迦尊 상주불멸석가존
十方三世一切佛 시방삼세일체불
種種因緣方便道 종종인연방편도
恒轉一乘妙法輪 항전일승묘법륜
與比丘衆萬二千 여비구중만이천
漏盡自在阿羅漢 누진자재아라한
阿若憍陣大迦葉 아야교진대가섭
優樓頻那及伽倻 우루빈나급가야
那提迦葉舍利弗 나제가섭사리불
大目犍連伽旃延 대목건련가전연
阿魯樓馱劫賓那 아로루타겁빈나
憍梵婆提離婆多 교범바제이바다
畢陵伽婆縛拘羅 필릉가바박구라
摩訶拘絺羅難陀 마하구치라난타
孫陀羅與富樓那 손타라여부루나
須菩提者與阿難 수보리자여아난
羅睺羅等大比丘 라후라등대비구

49) 저자는 보장보살이다. 이 글이 언제부터인가 널리 읽히고 있는 법화경 약찬게이다. 간추려 정리한 게송의 글자는 144구, 908자이다.

摩訶婆闍婆提及 마하바사바제급
羅睺羅母耶輸陀 라후라모야수타
比丘尼等二千人 비구니등이천인
摩訶薩衆八萬人 마하살중팔만인
文殊師利觀世音 문수사리관세음
得大勢與常精進 득대세여상정진
不休息及寶掌士 불휴식급보장사
藥王勇施及寶月 약왕용시급보월
月光滿月大力人 월광만월대력인
無量力與越三界 무량력여월삼계
跋陀婆羅彌勒尊 발타바라미륵존
寶積導師諸菩薩 보적도사제보살
釋提桓因月天子 석제환인월천자
寶香寶光四天王 보향보광사천왕
自在天子大自在 자재천자대자재
娑婆界主梵天王 사바계주범천왕
尸棄大梵光明梵 시기대범광명범
難陀龍王跋難陀 난타용왕발란타
娑竭羅王和修吉 사가라왕화수길
德叉阿那婆達馱 덕차아나바달다
摩那斯龍優婆羅 마나사용우바라
法緊那羅妙法王 법긴나라묘법왕
大法緊那持法王 대법긴나지법왕
樂乾達婆樂音王 악건달바악음왕
美乾達婆美音王 미건달바미음왕

婆稚佉羅乾陀王 바치가라건타왕
毘摩質多阿修羅 비마질다아수라
羅睺阿修羅王等 나후아수라왕등
大德迦樓大身王 대덕가루대신왕
大滿迦樓如意王 대만가루여의왕
韋提希子阿闍世 위제희자아사세
各與若干百千人 각여약간백천인
佛爲說經無量義 불위설경무량의
無量義處三昧中 무량의처삼매중
天雨四花地六震 천우사화지육진
四衆八部人非人 사중팔부인비인
及諸小王轉輪王 급제소왕전륜왕
諸大衆得未曾有 제대중득미증유
歡喜合掌心觀佛 환희합장심관불
佛放眉間白毫光 불방미간백호광
光照東方萬八千 광조동방만팔천
下至阿鼻上阿迦 하지아비상아가
衆生諸佛及菩薩 중생제불급보살
種種修行佛說法 종종수행불설법
涅槃起塔此悉見 열반기탑차실견
大衆疑念彌勒問 대중의념미륵문
文殊師利爲決疑 문수사리위결의
我於過去見此瑞 아어과거견차서
卽說妙法汝當知 즉설묘법여당지
時有日月燈明佛 시유일월등명불

爲說正法初中後　위설정법초중후
純一無雜梵行相　순일무잡범행상
說應諦緣六度法　설응제연육도법
令得阿耨菩提智　영득아뇩보리지
如是二萬皆同名　여시이만개동명
最後八子爲法師　최후팔자위법사
是時六瑞皆如是　시시육서개여시
妙光菩薩求名尊　묘광보살구명존
文殊彌勒豈異人　문수미륵기이인
德藏堅滿大樂說　덕장견만대요설
智積上行無邊行　지적상행무변행
淨行菩薩安立行　정행보살안립행
常不輕士宿王華　상불경사숙왕화
一切衆生喜見人　일체중생희견인
妙音菩薩上行意　묘음보살상행의
莊嚴王及華德士　장엄왕급화덕사
無盡意與持地人　무진의여지지인
光照莊嚴藥王尊　광조장엄약왕존
藥上菩薩普賢尊　약상보살보현존
常隨三世十方佛　상수삼세시방불
日月燈明燃燈佛　일월등명연등불
大通智勝如來佛　대통지승여래불
阿閦佛及須彌頂　아촉불급수미정
師子音佛師子相　사자음불사자상
虛空住佛常明佛　허공주불상명불

帝相佛與梵相佛 제상불여범상불
阿彌陀佛度苦惱 아미타불도고뇌
多摩羅佛須彌相 다마라불수미상
雲自在佛自在王 운자재불자재왕
壞怖畏佛多寶佛 괴포외불다보불
威音王佛日月燈 위음왕불일월등
雲自在燈淨明德 운자재등정명덕
淨華宿王雲雷音 정화수왕운뢰음
雲雷音宿王華智 운뢰음숙왕화지
寶威德上王如來 보위덕상왕여래
如是諸佛諸菩薩 여시제불제보살
已今當來說妙法 이금당래설묘법
於此法會與十方 어차법회여시방
常隨釋迦牟尼佛 상수석가모니불
雲集相從法會中 운집상종법회중
漸頓身子龍女等 점돈신자용여등
一雨等澍諸樹草 일우등주제수초
序品方便譬喩品 서품방편비유품
信解藥草授記品 신해약초수기품
化城喩品五百弟 화성유품오백제
授學無學人記品 수학무학인기품
法師品與見寶塔 법사품여견보탑
提婆達多與持品 제바달다여지품
安樂行品從地涌 안락행품종지용
如來壽量分別功 여래수량분별공

隨喜功德法師功 수희공덕법사공
常不輕品神力品 상불경품신력품
囑累藥王本事品 촉루약왕본사품
妙音觀音普門品 묘음관음보문품
陀羅尼品妙莊嚴 다라니품묘장엄
普賢菩薩勸發品 보현보살권발품
二十八品圓滿敎 이십팔품원만교
是爲一乘妙法門 시위일승묘법문
支品別偈皆具足 지품별게개구족
讀誦受持信解人 독송수지신해인
從佛口生佛衣覆 종불구생불의부
普賢菩薩來守護 보현보살내수호
魔鬼諸惱皆消除 마귀제뇌개소제
不貪世間心意直 불탐세간심의직
有正憶念有福德 유정억념유복덕
忘失句偈令通利 망실구게영통리
不久當詣道場中 불구당예도량중
得大菩提轉法輪 득대보리전법륜
是故見者如敬佛 시고견자여경불
南無妙法蓮華經 나무묘법연화경
靈山會上佛菩薩 영산회상불보살
一乘妙法蓮華經 일승묘법연화경
寶藏菩薩略纂偈 보장보살약찬게

일승묘법연화경 보장보살약찬게

화장세계 바다 가운데
왕사성중 기사굴에
항상 계신 불멸의 세존과
시방삼세 일체부처님
그리고 갖가지 인연 방편도와
항상 일승묘법의 수레를 굴리시는
스님들께 귀의합니다.
번뇌를 다 없애고 자재를 얻은 아라한들이 있었으니
아야 교진여와 대가섭
우루빈나가섭, 가야가섭
나제가섭, 사리불
대목건련, 가전연
아로루타, 겁빈나
교범바제, 이바다
필릉가바차, 박구라
마하구치라, 난타
손타라난다, 부루나
수보리, 아난
라후라들이었다.
마하바사바제비구니와
라후라의 어머니 야수다라 등
비구니 2천인도 함께 하였다.
큰보살님들 8만인이 함께 계셨는데
문수사리보살, 관세음보살
득대세지보살, 상정진보살
불휴식보살, 보장보살
약왕보살, 용시보살
보월보살, 월광보살
만월보살, 대력보살
무량력보살, 월삼계보살
발타바라보살, 미륵보살
보적보살, 도사보살 등이었다.

석제환인, 월천자
보향, 보광, 4천왕
자재천자, 대자재
사바계주 범천왕
시기대범, 광명범
난타용왕, 발란타용왕
사가라용왕, 화수길용왕
덕차가용왕, 아나바달다용왕
마나사용왕, 우발라용왕
법긴나라왕과 묘법긴나라왕
대법긴나라왕과 지법긴나라왕
악건달바왕과 악음건달바왕
미건달바왕과 미음건달바왕
바치가라건타왕과 비마질다아수라왕
나후아수라왕과 대위덕가루라왕
대신가루라왕과 대만가루라왕
여의가루라왕과 위제희의 아들 아사세왕 등
각기 다른 권속 백천인이 모였다.
부처님께서 중생들을 위하여 무량의경을 설하시고
무량의처 삼매에 드시니
하늘에서 네 가지 꽃이 내리고 천지가 6종으로 진동하였다.
4중 8부 인비인 등과
모든 소왕 전륜성왕 등
모든 대중들이 미증유를 얻어
환희심으로 합장하고 부처님을 우러러 바라보니
부처님께서 미간의 백호에서 광명을 놓아
동방으로 만 8천토를 비추셨는데
아래로는 아비지옥으로부터 위로는 아가니타천에 이르렀다.
그 가운데 중생들과 불 보살들이
갖가지로 수행하는 모습과 설법하는 모습
그리고 열반에 들어 7보탑을 일으키는 모습이 다 보였다.
대중들의 의심과 미륵이 자신의 의문을 해결하기 위하여

문수사리께 물으니
내가 과거에 이런 상서를 보았는데
이는 곧 묘법을 설할 징조로 알라.
과거 일월등명불도
정법을 위하여 처음과 중간 끝 법문을 마친 뒤에
순일무잡한 범행상으로
4제, 12인연, 6바라밀법을 설하신 뒤
마지막 아뇩다라삼먁삼보리를 얻게 하였느니라.
이렇게 이만일월등명불이 똑같이 나왔는데
마지막 일월등명불이 8왕자를 위하여 설법
모두 법사가 되게 하였을 때도
이와 같은 여섯 가지 상서가 있었다.
묘광보살이 문수보살이고
구명존이 미륵보살이다.
어찌 다른 사람이었겠느냐.
덕장, 견만, 대요설,
지적, 상행, 무변행,
정행보살, 안립행,
상불경보살, 숙왕화,
일체중생 회견보살, 묘음보살 상행의
장엄왕보살, 화덕사
무진의보살과 지지인
장조장엄 약왕존,
약상보살, 보현보살은
항상 3세 시방불을 따라 다니며 교화를 도운 보살들이다.
일월등명불, 연등불
대통지승여래불
아촉불 및 수미정불
사자음불, 사자상불
허공주불, 상명불
제상불과 범상불
아미타불, 도일체세간고뇌불

다마라발전단향신통불, 수미상불
운자재불, 자재광불
괴일체세간포외불, 다보불
위음왕불, 일월등명불
운자재등왕불, 정명덕불
정화수왕불, 운뇌음불
운뇌음수왕화지불
보위덕상왕여래
이와 같은 모든 부처님과 보살들은
과거, 현재, 미래세에
이 법회와 시방으로 더불어
항상 석가모니 부처님을 따라 다니며
묘법을 설하시는 분들이다.
구름처럼 법회에 따라 모인 대중들은
용녀와 같은 돈오근기와
신자(사리불)와 같은 점수의 근기들이 있어
평등한 비에 나무와 풀이 함께 젖어드는 것 같았다.
서품, 방편, 비유품
신해품, 약초유품, 수기품
화성유품, 오백제자수기품
수학무학인기품
법사품, 견보탑품
제바달다품, 지품
안락행품, 종지용출품
여래수량품, 분별공덕품
수희공덕품, 법사공덕품
상불경보살품, 여래신력품
촉루품, 약왕보살본사품
묘음보살품, 관세음보살보문품
다라니품, 묘장엄왕본사품
보현보살권발품
28품 원만교

이것이 일승묘법연화경법문이다.
낱낱 28품이 글과 게송 가운데 온갖 공덕이 갖추어져있다.
읽고 외우고 받아지니고 믿고 해설하는 사람은
부처님의 입으로부터 태어나 부처님의 옷을 입고
보현보살의 수호를 받아
모든 마귀의 뇌란을 없애고
세간을 탐하지 아니할 것이며,
마음과 뜻이 곧아
바른 생각을 가져 복덕이 구족할 것이다.
설사 글귀나 게송을 잃어버리더라도 가피로서 통달하고
오래지 않아 보리도량에 나아가 대각을 얻고
대보리의 법륜을 굴리게 될 것이다.
이러므로 이 경을 본 자는 부처님과 같이 공경하라.
묘법연화경과
영산회상의 불 보살
일승묘법연화경
보장보살약찬게에 귀의합니다. 〈釋門儀範〉

※ 보장보살을 이법화스님은 조선조때 생육신의 한 분인 김시습이라 말하고 있다.

法華經歌[50)] 법화경의 노래

山色沈沈　松烟冪冪　　산색침침 송연막막
空林之下　盤陀之石　　공림지하 반타지석
石上有僧　結跏橫錫　　석상유승 결가횡석
誦白蓮經　從朝至夕　　송백연경 종조지석
左之右之　虎跡狼跡　　좌지우지 호적랑적

---

50) 당 나라 수아법사가 법화경 외우는 소리를 듣고 지은 노래. 담익은 전생의 꿩이 법화경 소리를 듣고 인도환생한 사람.

十片五片　異花狼藉　　십편오편 이화낭자
偶然相見　未深相識　　우연상견 미심상식
知是古之人　今之人　　지시고지인 금지인
是曇彦　是曇翼　　시담언 시담익

我聞此經有深旨　　아문차경유심지
覺帝稱之眞妙義　　각제칭지진묘의
合目暝心仔細聽　　합목명심자세청
醍醐滴入焦腸裡　　제호적입초장리
佛之意兮祖之髓　　불지의혜조지수
我之心兮經之旨　　아지심혜경지지
可憐彈指及擧手　　가련탄지급거수
不達目前今正是　　부달목전금정시
大矣哉甚寄特　　대의재심기특
空王要使群生得　　공왕요사군생득
光輝一萬八千土　　광휘일만팔천토
土土皆作黃金色　　토토개작황금색
四生六道一光中　　사생육도일광중
狂夫猶自問彌勒　　광부유자문미륵

我亦當年學空寂　　아역당년학공적
一得無心便休息　　일득무심변휴식
今日親聞誦此經　　금일친문송차경
始覺驪乘非端的　　시각려승비단적
我亦當年不出戶　　아역당년불출호

不欲紅塵沾步武	불욕홍진첨보무
今日親聞誦此經	금일친문송차경
始覺行行皆寶所	시각행행개보소
我亦當年愛吟咏	아역당년애음영
將謂冥搜亂禪定	장위명수난선정
今日親聞誦此經	금일친문송차경
何放筆硯資眞性	하방필연자진성
我亦當年狎兒戱	아역당년압아희
將謂光陰半虛棄	장위광음반허기
今日親聞誦此經	금일친문송차경
始覺聚沙非小事	시각취사비소사
我曾昔遊山與水	아증석유산여수
將謂他山非故里	장위타산비고리
今日親聞誦此經	금일친문송차경
始覺山河無寸地	시각산하무촌지
我昔心猿未調伏	아석심원미조복
常將金鎖虛拘束	상장금쇄허구속
今日親聞頌此經	금일친문송차경
始覺無物爲拳拳	시각무물위권권
師誦此經經一字	사송차경경일자
字字爛嚼醍醐味	자자난작제호미
醍醐之味珍且美	제호지미진차미
不在脣不在齒	부재순부재치
只在勞生方寸裡	지재노생방촌리

師誦此經經一字 사송차경경일자
句句白牛親動步 구구백우친동보
白牛之步疾如風 백우지보질여풍
不在西不在東 부재서부재동
只在浮生日用中 지재부생일용중
日用不知一何苦 일용부지일하고
酒之腸飯之腑 주지장반지부

長者揚聲喚不回 장자양성환불회
何異聾何異瞽 하이롱하이고
世人之耳非不聰 세인지이비불총
耳聽特向經中聾 이총특향경중롱
世人之目非不明 세인지목비불명
目明特向經中盲 목명특향경중맹
合聽不聽 合明不明 합총불총 합명불명
轆轤上下 浪死虛生 녹로상하 낭사허생

世人雖識師之音 세인수식사지음
誰人能識師之心 수인능식사지심
世人縱識師之形 세인종식사지형
誰人能識師之名 수인능식사지명
師名醫王行佛令 사명의왕행불령
來與衆生治心病 내여중생치심병
能使迷者醒 狂者定 능사미자성 광자정
垢者淨 邪者正 凡者聖 구자정 사자정 범자성

如是則非但天恭敬人恭敬 여시즉비단천공경인공경
亦合龍讚詠鬼讚詠佛讚詠 역합용찬영귀찬영불찬영
豈得背覺合塵之徒 기득배각합진지도
不稽首而歸命 불계수이귀명

산색은 침침하고 송연은 막막한데
빈 숲 아래 평탄한 돌이 있다.
돌 위에 스님이 있는데, 가부좌를 맺고 석장을 비껴놓고
백련경을 외우되, 아침부터 저녁까지 계속한다.
왼쪽, 오른쪽에 호랑이와 이리의 흔적이 있고
10편, 5편에 이상한 꽃이 낭자한다.
우연히 서로 보니 깊이 서로 알지 못하겠더라.
알아보자. 옛 사람인가 지금 사람인가.
담언인가, 담익인가.

내가 듣건대 이 경은 깊은 뜻이 있으니
부처님께서 이르신 진짜 묘한 뜻이다.
눈을 감고 마음을 가다듬어 자세히 들으라.
제호방울이 초장 속에 들어간다.
부처님의 뜻이요, 조사의 골수며,
나의 마음이고 경의 뜻이다.
가련하다. 손가락을 튕기고 손을 들거늘
눈 앞에서 이제 바로 이것인 줄을 깨닫지 못하였도다.
크고도 심히 기특함이여!
공왕이 반드시 군생으로 하여금 얻기를 요하사
일만 팔천토에 광명을 비추시니
땅과 땅이 모두 황금빛을 이루었다.
4생 6도가 한 빛 가운데 있거늘
미친 사람은 오히려 스스로 미륵에게 묻는다.

내 또한 당년에 공적(空寂)을 배워
한 번 무심(無心)을 얻고 곧 휴식코자 했더니
오늘 친히 이 경 외우는 것을 듣고
비로소 여승(驪乘)이 단적(端的) 아님을 깨달았다.
내가 금년에 문 밖을 나가지 않고
홍진(紅塵)에 젖어 걷고자 하지 않았는데
오늘 친히 이 경 외우는 것을 듣고
비로소 행과 행이 다 보소(寶所)임을 깨달았다.
내 또한 당년에 음영을 좋아하나
가만 가만 더듬는 것은 선정을 어지럽힌다 하였는데,
오늘 친히 이 경 외움을 듣고
어찌 붓과 벼루가 진성(眞性)을 돕는데 방해될 것인가.
내 또한 당년에 아이들을 친근하여
장차 광음을 반은 헛되이 보냈다 하였더니
오늘 친히 이 경 외우는 것을 듣고
비로소 취사(聚沙)가 작은 일 아닌 줄 깨달았다.
내 일찍이 옛적에 산과 물을 유람할 때
다른 곳의 산은 고향 마을이 아니라고 하였더니
오늘 친히 이 경 외움을 듣고
비로소 산하가 촌지(寸地) 없음을 깨달았다.
내가 옛적에는 마음이 원숭이와 같아 조복되지 않아서
항상 금쇄(金鎖)로 헛되이 구속하려 하였더니
오늘 친히 이 경 외우는 것을 듣고
비로소 물(物)에 주먹질 할 것이 없음을 깨달았다.
스님께서 이 경 글자 한 자를 외워 지날 때마다
글자 글자 마다 제호의 맛을 난작(亂爵)함이라.
제호(醍醐)의 맛이 진귀하고 감미로와
입술에도 있지 않고 치아에도 있지 않고
단지 노생(勞生)의 방촌(方寸) 속에 있도다.

스님께서 외우시는 이 경 한 글자를 지날 때마다
구구(句句)에 흰 소(白牛)가 친히 거동하여 걷는다.

흰 소의 걸음이 빠르기가 바람과 같으니
서에도 있지 않고 동에도 있지 않다.
단지 부생의 일용중(日用中)에 있도다.
일용 중에 있는 것을 알지 못하고 괴로워 했으니
술 마시는 장인가, 밥 먹는 마음인가.
장자가 소리를 질러 불러도 돌아보지 않으니
무엇이 귀머거리와 다르며 무엇이 소경과 다르겠는가?
세상사람의 귀는 밝지 아니함이 없으나
밝은 귀가 다만 경중(經中)을 향해서만 귀머거리가 된다.

세인의 눈은 밝지 아니함이 없지만 눈이 밝되
다만 경중을 향해서만 어둡도다.
마땅히 총명할 때는 총명하지 못하고
마땅히 밝을 때는 밝지 못하여
물긷는 도르래 오르내리듯
헛된 물결이 나고 죽는다.

세상 사람들이 비록 스님의 음성은 아나
누가 능히 스님의 마음을 알 것이며,
세상 사람이 비록 스님의 형상은 아나
누가 능히 스님의 이름을 알겠는가.
스님의 이름은 의왕(醫王),
부처님이 명령을 행하기 위하여 와서,
중생의 마음병을 치료하신다.
능히 미(迷)한 자로 하여금 깨치게 하고,
미친 자를 안정시키며
더러운 자와 삿된 자를 맑고 바르게 하여
범부를 성인되게 하시니
이와 같이 한즉 단지 하늘과 인간이 공경할 뿐 아니라
또한 마땅히 용과 귀신이 부처님을 찬탄하여 노래 부른다.
어찌 깨달음을 등지고 진(塵)에 야합한 무리가
머리를 조아리지 않고 귀의하지 않겠는가. 〈唐 修訝法師〉

法華九喩[51] 법화경 9유

火宅窮子藥草喩 화택궁자약초유
化城繫珠穿井喩 화성계주천정유
王髻父少醫師喩 왕계부소의사유
三乘一道近深曉 삼승일도근심효

불난 집에서 벗어나는 화택유(火宅喩)
거지 아이가 부모를 찾는 궁자유(窮子喩)
풀뿌리가 약초가 되는 약초유(藥草喩)
열반도 변화한 성 화성유(化城喩)
옷소매에 묻힌 계주유(繫珠喩)
우물 파는 마음으로 도를 닦는 천정유(穿井喩)
아무에게나 줄 수 없는 왕계유(王髻喩)
나이 어린 아이들의 어리석음을 비유한 부소유(父少喩)
병을 알고 약을 주는 의사유(醫師喩)가 그것이다.
성문·연각·보살이 한 가지 불도임을 점점 가깝고 깊게 하여 깨달아 들게 하였다. 〈戒環疏〉

法華信心[52] 법화신심

法華信仰無量功 법화신앙무량공
三界火宅春霜露 삼계화택춘상로
六途苦海夕煙消 육도고해석연소
本來寂光自受用 본래적광자수용

51) 법화경에 나오는 아홉 가지 비유
52) 법화경을 읽는 사람은 언제나 이렇게 안락하게 살 수 있다.

善根衆生凡聖土 선근중생범성토
羅漢辟支方便土 나한벽지방편토
三賢十聖實報土 삼현십성실보토
諸佛受用寂光土 제불수용적광토
庶民文武才操秀 서민문무재조수
宮外幕舍生居處 궁외막사생거처
王子幼稚無能力 왕자유치무능력
王后同居宮城內 왕후동거궁성내

법화경을 신앙하면 한량없는 공덕을 얻는다.
삼계화택은 봄 이슬, 서리 녹듯 하고
육도고해는 저녁 연기와 같이 사라지며
장차 미래 적광토를 수용한다.
선근중생의 범성동거토나
나한 · 벽지불의 방편승거토(方便勝居土)나
삼현십성의 실보장엄토나
초과제불의 대적광토를 마음대로 수용하나니
서민 문무는 아무리 재주가 있어도
궁성 밖 막사에서 지내는 것 같고
왕자는 유치하여 능력이 없어도
궁 안에서 왕후와 함께 사는 것 같다. 〈法華經 安樂行品〉

法喜禪悅 법희선열

法喜禪悅 법희선열

법을 듣고 기뻐하고 선정 속에서 희열을 얻는다.

辯才無礙 변재무애

辯才無礙 변재무애
慈念衆生猶如赤子 자념중생유여적자
功德具足心念口演 공덕구족심념구연
微妙廣大 미묘광대
慈悲仁讓 자비인양
志意和雅能至菩提 지의화아능지보리

변재가 걸림이 없고 중생을 사랑하고 생각하기를 친자식과 같이 하며 공덕이 구족하여 마음으로 생각하고 입으로 연설함이 미묘하고 광대하며 자비롭고 어질고 겸양하며 뜻이 화하고 아름다우면 능히 보리에 이른다.

普告諸大衆 보고제대중

普告諸大衆 보고제대중
但以一乘道 단이일승도
敎化諸菩薩 교화제보살
無聲聞弟子 무성문제자

널리 모든 대중에게 고하노라. 다만 일승으로써 모든 보살을 교화함이요, 성문 제자는 없느니라. 〈방편품〉

菩薩摩訶薩[53] 보살마하살

不退菩提　得陀羅尼 불퇴보리 득다라니
樂說辯才　轉不退法 요설변재 전불퇴법
供養諸佛　植衆德本 공양제불 식중덕본
常以稱歎　以慈修身 상이칭탄 이자수신
善入佛海　通達大智 선입불해 통달대지
到於彼岸　名稱普聞 도어피안 명칭보문
無量世界　能度衆生 무량세계 능도중생

위 없는 깨달음에서 물러서지 않고
다라니와 설법 잘하는 변재를 모두 얻고
언제나 물러남이 없이 진리를 굴리며
한량없는 부처님들께 공양하고
여러 가지 착한 선근을 심어
모든 부처님께 항상 칭찬 받는 사람
자비로써 몸을 닦아
부처님의 지혜의 바다에 들어가
큰 지혜를 통달,
깨달음의 세계에 이르렀으며
그 이름이 한량없는 세계에 널리 퍼져
무수한 백천 중생을 제도하는 이들이다. 〈法華經 序品〉

53) 보살마하살은 위대한 보살이란 뜻이고, 다음 18대보살은 20대제자와 같이 각기 한 가지 능을 가지고 부처님의 교화를 도왔던 분들이다.

菩薩摩訶薩 보살마하살

若菩薩摩訶薩 약보살마하살
於後惡世 欲說是經 어후악세 욕설시경
當安住四法 당안주사법

만약, 보살마하살이 후의 악한 세상에서 이 경을 설하고자 한다면 마땅히 네 가지 법에 편안히 머물러야 하나니.

普照迷暗 보조미암

普照迷暗 보조미암

널리 미혹하여 어두운 마음을 진리의 광명으로 비춘다.

福田[54] 복전

三寶信仰功德田 삼보신앙공덕전
父母侍奉報恩田 부모시봉보은전
貧病乞人大悲田 빈병걸인대비전
功德福田第一位 공덕복전제일위

3보의 신앙은 공덕복전이고
부모를 섬기는 것은 보은복전이며

54) 세상의 복전에는 이런 것들이 있다.

가난을 구제하는 것은 대비복전인데
그 가운데서도 공덕복전이 제1이다. 〈釋門儀範〉

福聚如海 복취여해

福聚如海利澤不窮 복취여해리택불궁

복의 쌓임이 바다와 같아 이로움이 윤택하여 궁핍함이 없다.

本門功德[55] 본문공덕

人法一如　本門三寶 인법일여 본문삼보
千災雪消　萬福雲興 천재설소 만복운흥

인·법이 똑같은 본문삼보를 신앙하면
천 가지 재앙이 눈 녹듯 하고
만 가지 복이 구름 일듯 한다. 〈妙法綱領文〉

本門三寶[56] 본문삼보(법화삼귀의)

南無妙法蓮華經 나무묘법연화경

55) 본문삼보는 사람과 법이 한결 같으므로 그의 공덕이 어떠한 재앙도 녹이고 만 가지 복을 일으킨다 하였다.
56) 〈본문〉은 우주 인생의 근본이 되는 문을 말한다. 법화경에서는 흙이나 돌로 된 부처와 종이에 쓴 경전, 삭발염의한 스님을 3보로 모시는 것이 아니라 「묘법연화경」을 우주 인생의 근본된 법으로 보고 그를 깨달은 사람을 본문불로 보며, 본래부터 중생교화를 위해 나타난 보살들을 스님으로 본다.

南無本門一切佛 나무본문일체불
南無本化諸菩薩 나무본화제보살

나무묘법연화경
나무본문일체불
나무본화제보살 〈妙法綱領文〉

本化菩薩[57] 본화보살

末法惡世　本化菩薩 말법악세 본화보살
廢跡立本　宣揚佛敎 폐적입본 선양불교

말법악세에는 본화보살이 나타나
적문불교를 폐하고 본문불교를 세워
불교를 선양할 것이다. 〈法華經 如來神力品〉

富樓那彌多羅尼子 부루나미다라니자

爾時富樓那彌多羅尼子
從佛聞是智慧方便隨宜說法

이시부루나미다라니자
종불문시지혜방편수의설법

그때, 부루나미다라니의 아들은 부처님으로부터 지혜의 방편으로 근기에 따라 법을 설하셨음을 들었으며……

57) 포교사는 전생부터 사명을 가진 자다.

復有一世 부유일세

復有一世界微塵數菩薩摩訶薩
得百千萬億無量旋陀羅尼

부유일세계미진수보살마하살
득백천만억무량선다라니

또, 일세계 미진수의 보살마하살은 백천만억의 한량없는 선다라니를 얻음이라.

復有八世 부유팔세

復有八世界微塵數衆生
皆發阿耨多羅三藐三菩提心

부유팔세계미진수중생
개발아뇩다라삼먁삼보리심

또, 8세계 미진수의 중생은 다 아뇩다라삼먁삼보리심을 일으킴이라.

不老不死 불로불사

不老不死 불로불사

늙지 않고 죽지 않는다

不聞不知 불문부지

不聞不知　諸佛如來 불문부지 제불여래
但敎化菩薩事 단교화보살사
此非佛弟子 차비불제자
非阿羅漢　非辟支佛 비아라한 비벽지불

모든 부처님께서 다만 보살을 교화하시는 일을 듣지 않고 알지 못하면, 이는 부처님의 제자가 아니며 아라한이 아니며 벽지불이 아니니라. 〈방편품〉

不惜身命 불석신명

不惜身命 불석신명

신명을 아끼지 아니하오리다.

不信因果[58] 불신인과

誹訪經典讀誦者 비방경전독송자
經賤憎嫉懷結恨 경천증질회결한
地獄餓鬼畜生報 지옥아귀축생보
或爲人間不具身 혹위인간불구신

58) 법화를 믿지 않는 사람은 곧 자기를 불신하기 때문에 큰 사람이 될 수 없다고 한 것이다.

만약 경전을 읽고 외우는 자를 비방하면
경천 증질의 한을 맺어
지옥 · 아귀 · 축생보를 받고
혹 사람으로 태어나도 장애인의 과보를 받는다.〈法華文句〉

佛 (一)[59] 부처님 (1)

一切知者　一切見者 일체지자 일체견자
知道開道　說道正道 지도개도 설도정도

일체를 알고
일체를 보고
길을 알아 길을 열어주고
길을 일러 바른 길로 가게 하시는 분. 〈法華經 方便品〉

佛 (二)[60] 부처님 (2)

法王無上尊 법왕무상존
無上兩足尊 무상양족존
福慧具足 복혜구족
長夜安穩 장야안온
直指人心 직지인심
見性成佛 견성성불

위 없는 법왕이시여,

59) 부처님 능력을 설명한 글
60) 부처님의 위대성을 밝힌 글

무상양족존이십니다.
복과 지혜를 구족하여
긴 밤에 안온을 주시니
바로 사람의 마음을 가리켜
견성성불하게 하셨나이다. 〈戒環疏〉

佛難得值 불난득치

佛難得值如優曇鉢羅華 불난득치여우담발라화
又如一眼之龜值浮木孔 우여일안지구치부목공
宿福深厚生値佛法 숙복심후생치불법

부처님 법을 만나 얻기 어려움이 우담발라화와 같으며 또는 외눈 거북이가 바다 가운데서 뜬 나무토막의 구멍을 만남과 같아 숙세에 복이 심히 두터워 현생에서 불법을 만난 것이다. 〈묘장엄왕품〉

佛滅度後 불멸도후

佛滅度後　佛諸弟子 불멸도후 불제제자
若有懺悔　惡不善業 약유참회 악불선업
但當讀誦　大乘經典 단당독송 대승경전

부처님이 멸도하신 후 부처님의 모든 제자가 만일 악하고 착하지 못한 업장이 있어 참회하려거든 다만 대승경전을 읽고 외울지니라. 〈관보현보살행법경〉

佛法法門[61] 부처님의 법문

未度者濟度 미도자제도
未解者知解 미해자지해
未安者平安 미안자평안
拘縛者解脫 구박자해탈

제도되지 못한 자를 제도하고
알지 못한 자를 알게 하며
편안하지 못한 자를 편안케 하고
얽힌 자들을 벗어나게 한다. 〈戒環疏〉

佛說是時 불설시시

佛說是時
娑婆世界三千大千國土地皆震裂
而於其中有無量千萬億菩薩摩訶薩
同時涌出

불설시시
사바세계삼천대천국토지개진열
이어기중유무량천만억보살마하살
동시용출

부처님께서 이를 설하실 때, 사바세계의 삼천대천국토의 땅이 다 진동하면서 열리고, 그 속에서 무수한 천만억보살마하살이 동시에 솟아남이라.

61) 불법과 법문은 무엇하는 것인가를 밝혔다.

佛說此經已 불설차경이

佛說此經已　結跏趺坐　불설차경이 결가부좌
入於無量義處三昧　입어무량의처삼매
身心不動　是時　신심부동 시시
普佛世界六種震動　보불세계육종진동

부처님께서 이 법을 설하신 후 결가부좌를 하시고 무량의처삼매에 들어가 심신을 움직이지 않고 있다. 이때에…… 부처님의 넓은 세계는 여섯 가지로 진동하였다.

佛身[62] 불신

身色眞金山　신색진금산
端嚴甚微妙　단엄심미묘

부처님 몸은 진금산과 같아
단엄하고 미묘하다.

〈法華經 方便品〉

佛於大衆中 불어대중중

佛於大衆中　불어대중중
說我當作佛　설아당작불
聞如是法音　문여시법음

62) 불신의 특징을 설명함

疑悔悉已除 의회실이제
初聞佛所說 초문불소설
心中大驚疑 심중대경의
將非魔作佛 장비마작불
惱亂我心耶 뇌란아심야

부처님이 대중 가운데서 설하시되 나를 마땅히 성불하리라고 하시니 이와 같은 법음을 듣고 모든 의심과 후회를 이미 끊었나이다.
처음 부처님께서 설하시는 말씀을 듣고 마음속에 크게 놀라고 의심하기를 아마도 마(魔)가 부처님으로 되어 나의 마음을 뇌란케 함인가 하였다. 〈비유품〉

佛以方便力 불이방편력

佛以方便力 불이방편력
示以三乘教 시이삼승교
衆生處處著 중생처처착
引之令得出 인지령득출

부처님이 여러 가지 방편의 그 힘으로 삼승법의 가르치심 나타내어 보인 것은 중생들이 간곳마다 집착하고 탐하기에 이런이들 인도하여 벗어나게 한것이라
〈법화경 서품〉

佛以一音 불이일음

佛以一音演說法 불이일음연설법
衆生隨類各得解 중생수류각득해

부처님께서는 하나의 음성으로써 법을 설하시되 중생이 각자의 마음에 의해 각각 달리 해득한다. 〈維摩經〉

佛以智慧 불이지혜

佛以智慧力 불이지혜력
知衆生性欲 지중생성욕
方便說諸法 방편설제법
皆令得歡喜 개령득환희

부처님 지혜의 힘으로써
중생의 성품과 욕망을 알아서
방편으로 모든 법을 설하여
다 즐거움을 얻게 하느니라.

佛智[63] 부처님 지혜

方便開示　種種言詞 방편개시 종종언사
演說一法　如海一滴 연설일법 여해일적

63) 부처님의 지혜에는 권지와 실지가 있다.

갖가지 방편과
말씀으로 열어 보여
한 법을 연설하는 것이
마치 바다의 방울 물과 같다. 〈法華經 序品〉

佛此夜滅度 불차야멸도

佛此夜滅度 불차야멸도
如薪盡火滅 여신진화멸
分布諸舍利 분포제사리
而起無量塔 이기무량탑
比丘比丘尼 비구비구니
其數如恒沙 기수여항사
倍復加精進 배부가정진
以求無上道 이구무상도

부처님의 열반모습 섶다타면 불꺼지듯 많은사리 나누어서 무수하게 탑세우고 항하모래 수와같은 비구들과 비구니들 더욱더욱 정진하여 깨달음을 구하였네 〈법화경 서품〉

佛平等說 불평등설

佛平等說 如一味雨 불평등설 여일미우
隨衆生性 所受不同 수중생성 소수부동
如彼草木 所稟各異 여피초목 소품각이

부처님의 평등한 말씀은 한맛의 비와 같으나 중생의 성품을 따라 받아가짐이 같지 아니한 것이 저 초목의 받는 바가 각기 다른 것 같다.

毘沙門天 비사문천

毘沙門天王護世者 비사문천왕호세자
白佛言 世尊 백불언 세존
我亦爲愍衆生 아역위민중생
擁護此法師故 옹호차법사고
說是陀羅尼 설시다라니

비사문천왕호세자가 부처님께 말씀하되, "세존이시여, 나도 또한 중생을 불쌍히 생각하여 이 법사를 옹호하기 위한 연고로 이 다라니를 설하오리다."

譬如大雲 비여대운

譬如大雲 以一味雨 비여대운 이일미우
潤於人華 各得成實 윤어인화 각득성실

비유하면 큰 구름이 한비의 맛으로 사람이나
꽃을 윤택하게 하여 각각 열매를 맺게 하는 것과 같다.

譬如良醫 비여량의

譬如良醫智慧聰達 비여량의지혜총달
明練方藥善治衆病 명련방약선치중병

비유하건대, 어진 의원이 지혜가 통달하고 총명해서 훌륭한 처방으로 약을 다루어서 여러 가지 병을 잘 다스림이라.

譬如有人 비여유인

譬如有人　色美 비여유인　색미
髮黑　年二十五 발흑　연이십오
指百歲人　言是我子 지백세인　언시아자
其百歲人　亦指年少 기백세인　역지년소
言是我父　生育我等 언시아부　생육아등
是事難信 시사난신

비유하건대 만일 빛이 아름답고 머리는 검어 나이 스물다섯 된 사람이 百살 된 사람을 가리키어 이는 나의 아들이라 하고 그 百살 된 사람이 또 나이 젊은이를 가리키어 이는 나의 아버지라 말하며 우리를 낳아서 길렀다 하면 이 일은 믿기 어려우리다. 〈종지용출품〉

秘要法[64) 비요법

傳授家風秘要法 전수가풍비요법
難信難解一大事 난신난해일대사

묘법의 가풍을 전수한 비밀법문은
믿기도 어렵고, 알기도 어려운 하나의 큰 일이다.

〈妙法綱領〉

譬喩[65) 비유

譬引淺深　喩托訓曉 비인천심 유탁훈효

비유는 낮은 곳으로부터 점점 깊게 유인,
말을 의지하여 어두운 마음을 훤히 밝히는 것이다.

〈法華經 譬喩品〉

貧窮困苦 빈궁곤고

貧窮困苦　愛別離苦 빈궁곤고 애별리고
怨憎會苦 원증회고
如是等種種諸苦 여시등종종제고
衆生沒在 중생몰재
其中歡喜遊戲 기중환희유희
不覺不知　不驚不怖 불각부지 불경불포

64) 법화경의 비요는 일대사에 달려있다.
65) 비유의 작용

亦不生厭　不求解脫　역불생염　불구해탈
於此三界火宅　어차삼계화택
東西馳走　雖遭大苦　동서치주　수조대고
不以爲患　불이위환

빈궁하고 곤고(困苦)하며 사랑하는 자와의 이별하는 괴로움이 있고 원수와 미워하는 사람과 만나는 괴로움이 있으니, 이와 같은 가지가지의 모든 고가 있음이라.
중생이 이 가운데 빠져 있어 기뻐하고 놀며 깨닫지도 못하고 알지도 못하고 놀라지도 않고 두려워하지도 아니하며 또는 싫어하는 마음을 내지도 아니하며 해탈을 구하지도 아니하고 이 三계 화택(火宅)에서 동으로 서로 달리며 비록 큰 고를 만날지라도 이를 근심하지 않느니라.
〈비유품〉

舍利弗 사리불

舍利弗　사리불
若國邑聚落有大長者　약국읍취락유대장자
其年衰邁財富無量　기년쇠매재부무량
多有田宅及諸僮僕　다유전택급제동복
其家廣大　唯有一門　기가광대 유유일문

사리불아, 어느 마을에 큰 장자가 살고 있었는데 그의 나이는 늙었으나 재물은 한량이 없어, 많은 논과 주택을 갖고 수많은 사람들을 거느리고 있었다. 그리고 그 집은 광대하나 문은 오직 하나였다.

舍利弗 사리불

舍利弗 사리불
如來知見廣大深遠 여래지견광대심원

사리불아, 부처님의 지혜는 매우 넓고 커서 우주의 모든 진리를 통달하였고 또 깊고 멀어서 아득히 먼 과거의 일들로부터 영원한 미래의 일들까지 모두 알고 계시느니라. 〈법화경 서품〉

舍利弗 사리불

舍利弗 汝等當信 사리불 여등당신
佛之所說言不虛妄 불지소설언불허망

사리불아, 너희들은 반드시 믿을지어다. 부처님 말씀은 진실이요 허망함이 없느니라. 〈법화경 서품〉

舍利弗 사리불

舍利弗 사리불
如來但以一佛乘 여래단이일불승
故爲衆生說法 고위중생설법
無有餘乘若二若三 무유여승약이약삼

사리불아, 부처님은 오직 일불승으로 모든 사람들의 안

락과 행복을 위하여 이 가르침을 설하실 뿐 다른 법은 없거늘, 어찌 이승이 있고 삼승이 있겠느냐. 〈법화경 서품〉

舍利弗 사리불

舍利弗	사리불
諸佛隨宜說法意趣難解	제불수의설법의취난해
所以者何	소이자하
我以無數方便種種因緣	아이무수방편종종인연
譬喩言辭演說諸法	비유언사연설제법
是法非思量	시법비사량
分別之所能解	분별지소능해
唯有諸佛乃能知之	유유제불내능지지

사리불아, 모든 부처님께서는 중생의 근기를 따라 법을 설하시나니 그 뜻은 알기가 어려우니라. 왜냐하면 나는 무수한 방편과 여러 가지 인연과 비유와 이야기로써 모든 법을 설하느니라. 이 법은 생각이나 분별로는 감히 알기 어려우니, 오직 모든 부처님만이 능히 알 수 있는 것이니라.
〈법화경 서품〉

舍利弗 사리불

舍利弗	사리불
一切十方諸佛法亦如是	일체시방제불법역여시
諸佛以無量無數方便	제불이무량무수방편

種種因緣譬喩言辭　종종인연비유언사
而爲衆生演說諸法　이위중생연설제법
是法皆爲一佛乘故　시법개위일불승고
是諸衆生從諸佛聞法　시제중생종제불문법
究竟皆得一切種智　구경개득일체종지
舍利弗　사리불
未來諸佛當出於世　미래제불당출어세
亦以無量無數方便　역이무량무수방편
種種因緣譬喩言辭　종종인연비유언사
而爲衆生演說諸法　이위중생연설제법
是法皆爲一佛乘故　시법개위일불승고
是諸衆生從佛聞法　시제중생종불문법
究竟皆得一切種智　구경개득일체종지
舍利弗　사리불
現在十方無量百千萬億　현재시방무량백천만억
佛土中諸佛世尊　불토중제불세존
多所饒益安樂衆生　다소요익안락중생
是諸佛亦以　시제불역이
無量無數方便　무량무수방편
種種因緣譬喩言辭　종종인연비유언사
而爲衆生演說諸法　이위중생연설제법
是法皆爲一佛乘故　시법개위일불승고
是諸衆生從佛聞法　시제중생종불문법
究竟皆得一切種智　구경개득일체종지
舍利弗　사리불

是諸佛但敎化菩薩 시제불단교화보살
欲以佛之知見示衆生故 욕이불지지견시중생고
欲以佛之知見悟衆生故 욕이불지지견오중생고
欲令衆生入佛之知見故 욕령중생입불지지견고

사리불아, 모든 시방세계에 계신 여러 부처님의 법도 이와 같으니라.
모든 부처님이 한량없고 수없는 방편과 가지가지 인연과 비유와 말씀으로 중생의 안락과 행복을 위하여 모든 법을 설하셨으니, 이 가르침도 일체중생을 부처님의 경지로 인도하는 일불승을 위한 것이니라. 모든 중생은 여러 부처님을 따라 섬기며 부처님으로부터 법을 받들어 듣고는 그 법대로 실천하여 마침내 최고의 지혜인 일체종지를 얻었느니라.
사리불아, 미래에 여러 부처님이 세상에 출현하시더라도 역시 한량없고 수없는 방편과 가지가지 인연과 비유의 말씀으로 중생들의 안락과 행복을 위하여 모든 법을 설하시리니, 이 법도 다 중생들을 부처님의 경지로 인도하는 일불승을 위한 것이니라. 모든 중생들이 부처님을 따라 법을 받들어 듣고는 마침내 최고의 지혜인 일체종지를 얻으리라.
사리불아, 현재 시방의 한량없는 백천만억 부처님 국토 중에 계시는 여러 부처님께서 중생들에게 많은 행복과 안락을 베풀고 계시나니 이 모든 부처님도 한량없고 셀 수 없는 방편과 가지가지 인연과 비유의 말씀으로 중생들을 위하여 모든 법을 설하고 계시느니라. 이 법도 또한 부처님이 되는 길인 일불승을 가르치고 있기 때문에 모든 중생들은 부처님을 따라 섬기면서 법을 받들어 듣고 행하여 마침내 최고의 지혜인 일체종지를 얻게 되느니라.

사리불아, 이 모든 부처님은 오직 보살을 교화하시니 부처님의 지혜를 열어 중생에게 보이고자 하심이며, 부처님의 지혜로 중생들을 깨닫게 하고자 하심이며, 중생들로 하여금 부처님의 지혜에 들어가게 하고자 하심이니라.

〈법화경 서품〉

舍利弗 사리불

舍利弗 사리불
十方世界中尙無二乘 시방세계중상무이승
何況有三 하황유삼
舍利弗 사리불
諸佛出於五濁惡世 제불출어오탁악세
所謂劫濁煩惱濁 소위겁탁번뇌탁
衆生濁見濁命濁 중생탁견탁명탁

사리불아, 시방세계에는 진리가 둘이 있을 수 없거늘 어찌 하물며 세 가지의 가르침이 있겠느냐.
사리불아, 모든 부처님께서는 다섯 가지 흐리고 더럽고 악한 세상을 맑고 깨끗하게 하기 위하여 세상에 출현하시느니라. 이른바 세상이 오래되어 생기는 혼란인 겁탁과 사람들의 번뇌가 치열해져서 생기는 혼란인 번뇌탁과 사람들의 성질이 복잡해져서 생기는 중생탁과 사람들이 삿되게 보는 견해가 세상을 뒤덮어 생기는 혼란인 견탁과 사람들의 수명이 짧아져서 생기는 혼란인 명탁이니라.

〈법화경 서품〉

舍利弗當知 사리불당지

舍利弗當知 사리불당지
我以佛眼觀 아이불안관
見六道衆生 견육도중생
貧窮無福慧 빈궁무복혜
入生死險道 입생사험도
相續苦不斷 상속고부단
深著於五欲 심착어오욕
如犛牛愛尾 여리우애미
以貪愛自蔽 이탐애자폐
盲瞑無所見 맹명무소견
不求大勢佛 불구대세불
及與斷苦法 급여단고법
深入諸邪見 심입제사견
以苦欲捨苦 이고욕사고
爲是衆生故 위시중생고
而起大悲心 이기대비심
我始坐道場 아시좌도량
觀樹亦經行 관수역경행
於三七日中 어삼칠일중
思惟如是事 사유여시사
我所得智慧 아소득지혜
微妙最第一 미묘최제일
衆生諸根鈍 중생제근둔

著樂癡所盲 착악치소맹
如斯之等類 여사지등류
云何而可度 운하이가도
爾時諸梵王 이시제범왕
及諸天帝釋 급제천제석
護世四天王 호세사천왕
及大自在天 급대자재천
幷餘諸天衆 병여제천중
眷屬百千萬 권속백천만
恭敬合掌禮 공경합장예
請我轉法輪 청아전법륜
我卽自思惟 아즉자사유
若但讚佛乘 약단찬불승
衆生沒在苦 중생몰재고
不能信是法 불능신시법
破法不信故 파법불신고
墜於三惡道 추어삼악도
我寧不說法 아녕불설법
疾入於涅槃 질입어열반
尋念過去佛 심념과거불
所行方便力 소행방편력
我今所得道 아금소득도
亦應說三乘 역응설삼승
作是思惟時 작시사유시
十方佛皆現 시방불개현

梵音慰喩我 범음위유아
善哉釋迦文 선재석가문
第一之導師 제일지도사
得是無上法 득시무상법
隨諸一切佛 수제일체불
而用方便力 이용방편력
我等亦皆得 아등역개득
最妙第一法 최묘제일법
爲諸衆生類 위제중생류
分別說三乘 분별설삼승
少智樂小法 소지악소법
不自信作佛 불자신작불
是故以方便 시고이방편
分別說諸果 분별설제과
雖復說三乘 수부설삼승
但爲敎菩薩 단위교보살
舍利弗當知 사리불당지
我聞聖師子 아문성사자
深淨微妙音 심정미묘음
喜稱南無佛 희칭나무불
復作如是念 부작여시념
我出濁惡世 아출탁악세
如諸佛所說 여제불소설
我亦隨順行 아역수순행
思惟是事已 사유시사이

卽趣波羅奈 즉취바라내
諸法寂滅相 제법적멸상
不可以言宣 불가이언선
以方便力故 이방편력고
爲五比丘說 위오비구설
是名轉法輪 시명전법륜
便有涅槃音 편유열반음
及以阿羅漢 급이아라한
法僧差別名 법승차별명
從久遠劫來 종구원겁래
讚示涅槃法 찬시열반법
生死苦永盡 생사고영진
我常如是說 아상여시설

사리불아 바로알라 내가부처 눈으로써 육도중생 살펴보니 빈궁하고 지혜없어 생사의길 잘못들어 그고통을 끊지못해 오욕락에 탐착하되 물소꼬리 사랑하듯 탐욕집착 애정속박 눈도멀고 소견없어 큰부처를 구하잖고 고통의길 끊지않아 삿된소견 깊이빠져 괴로움에 얽혔으니 이런중생 위하여서 자비심을 내었노라 내가처음 붓다가야 보리나무 아래앉아 깨달음을 성취한후 그도량에 경행하며 삼칠일을 지내면서 이런일을 생각하되 내가얻은 큰지혜는 미묘하기 제일이나 중생근기 둔하여서 어리석고 어두우니 이와같은 중생들을 어 떻 게 제도할까 그때모든 범천왕과 제석천왕 사천왕과 대자재천 여러하늘 백천만의 권속들이 합장공경 예배하며 나의법을 청하거늘 내스스로 생각하니 일승법을 찬탄하면 고통속에 빠진중생 이법믿지 않으리라 믿지않고 비방하면 삼악도에 떨어지니 내차

라리 설법않고 바로열반 들려다가 지난세상 부처님네 행한방편 생각하고 내가지금 얻은도를 삼승으로 설하리라 이런생각 하였을때 시방부처 나타나서 맑고고운 목소리로 위로하여 말씀하되 장하도다 석가모니 제일가는 도사시여 위가없는 참된진리 높은법을 얻었건만 과거여러 부처같이 삼승방편 쓰시도다 우리들도 또한모두 일승법을 얻었지만 모든중생 위하여서 삼승법을 말하노라 적은지혜 소승들이 자기성불 믿지않아 방편으로 분별하여 성문연각 보살경지 여러가지 설했으나 다시삼승 설한것은 결국에는 보살들을 교화하기 위함일세 사리불아 바로알라 나는모든 부처님의 심히깊고 청정하고 미묘하온 음성듣고 나무불을 부르면서 이런생각 다시하되 흐린세상 내가와서 여러부처 설한대로 나도따라 방편써서 모든중생 건지리다 이와같이 생각하고 녹야원에 나아가서 모든법의 적멸상을 말로할수 없지마는 삼승방편 힘으로써 다섯비구 제도하니 이이름이 법륜굴림 그와같이 부르노라 이로부터 열반도와 아라한과 그리고법 불도닦는 스님까지 그이름이 차별있네 오랜세월 내려오며 열반법을 찬탄하되 생사고통 다한다고 이런설법 늘했노라 〈법화경 서품〉

舍利弗當知 사리불당지

舍利弗當知 사리불당지
我見佛子等 아견불자등
志求佛道者 지구불도자
無量千萬億 무량천만억
咸以恭敬心 함이공경심
皆來至佛所 개래지불소

曾從諸佛聞 증종제불문
方便所說法 방편소설법
我卽作是念 아즉작시념
如來所以出 여래소이출
爲說佛慧故 위설불혜고
今正是其時 금정시기시
舍利弗當知 사리불당지
鈍根小智人 둔근소지인
著相憍慢者 착상교만자
不能信是法 불능신시법
今我喜無畏 금아희무외
於諸菩薩中 어제보살중
正直捨方便 정직사방편
但說無上道 단설무상도
菩薩聞是法 보살문시법
疑網皆已除 의망개이제
千二百羅漢 천이백라한
悉亦當作佛 실역당작불
如三世諸佛 여삼세제불
說法之儀式 설법지의식
我今亦如是 아금역여시
說無分別法 설무분별법

사리불아 바로알라 불자들을 내가보니 부처님법 구하는
이 천만억의 많은보살 공경하는 마음으로 부처님을 찾아

와서 부처님의 모든법문 방편설을 들었노라 이제내가 생각하니 부처님이 오신뜻은 일승법을 설하는것 지금바로 그때로다 사리불아 바로알라 근기둔한 소승들은 아상많고 교만하여 이런법을 못믿지만 나는이제 두렴없어 여러보살 가운데서 정직하게 방편버려 깨달은법 설하리라 보살들은 이법듣고 의심모두 풀어지며 일천이백 아라한도 마땅히다 성불하리 시방삼세 여러부처 설법하던 의식대로 나도이제 그와같이 일승법을 설하노라 〈법화경 서품〉

舍利弗當知 사리불당지

舍利弗當知 사리불당지
我本立誓願 아본입서원
欲令一切衆 욕령일체중
如我等無異 여아등무이
如我昔所願 여아석소원
今者已滿足 금자이만족
化一切衆生 화일체중생
皆令入佛道 개령입불도

사리불아 바로알라 내가본래 세운원은 모든중생 나와같이 다름없게 함이니라 오래전에 품은소원 이제만족 하였나니 일체중생 교화하여 부처님법 들게하네 〈법화경 서품〉

舍利弗當知 사리불당지

舍利弗當知 사리불당지

諸佛法如是 제불법여시
以萬億方便 이만억방편
隨宜而說法 수의이설법
其不習學者 기불습학자
不能曉了此 불능효료차
汝等旣已知 여등기이지
諸佛世之師 제불세지사
隨宜方便事 수의방편사
無復諸疑惑 무부제의혹
心生大歡喜 심생대환희
自知當作佛 자지당작불

사리불아 바로알라 부처님법 이러하여 억만가지 방편으로 인연따라 설법하니 배우지를 않는이는 일승법을 모르리라 삼계도사 부처세존 인연따라 쓰는방편 너희들은 참뜻알고 모든의심 다시없어 기뻐하는 마음으로 성불함을 알지어다 〈법화경 서품〉

四無量偈 4무량게

大慈大悲愍衆生 대자대비민중생
大喜大捨濟含識 대희대사제함식
相好光明以莊嚴 상호광명이장엄
衆等志心歸命禮 중등지심귀명례

대자대비로 중생들을 어여삐 여기고

대희대사로 함식을 제도하며
상호광명으로 자신을 꾸미시며
평등한 마음으로 중생을 제도하시므로 지심귀명례합니다.

〈釋門儀範〉

四無量心[66)] 4무량심

慈悲喜捨廣大心 자비희사광대심

사랑하는 마음. 어여삐 여기는 마음.
기쁜 마음. 원한 차별이 없는 마음.
이 마음이 진짜 넓고 큰 마음이다. 〈戒環疏〉

四無所畏[67)] 4무소외

正等覺無畏 정등각무외
漏永盡無畏 누영진무외
說障法無畏 설장법무외
說出道無畏 설출도무외

일체법을 평등하게 깨달아 다른 이의 힐난을 두려워하지 않고
온갖 번뇌를 다 끊어 외난을 두려워하지 않으며
보리에는 악법이 장애된다고 하나 비난을 두려워 않고
출가의 도를 말하되 남의 비방을 두려워하지 않는다.

〈戒環疏〉

66) 선을 통해 얻어진 네 가지 한량없는 마음
67) 부처가 되면 이런 두려움이 없어진다.

四禪[68] 4선

覺觀喜樂一心初 각관희락일심초
內淨喜樂一心二 내정희락일심이
捨念喜樂一心三 사념희락일심삼
不苦不樂捨念心 불고불락사념심

마음 속에 희·락을 깨달으면 초선이 되고
속으로 생각이 희·락·일심을 형성하면 제2선이 되고
희·락한 마음을 버리고 일심이 되면 제3선이 되고
불고불락 가운데 생각까지 버리면 제4선이 된다. 〈戒環疏〉

捨惡知識 사악지식

捨惡知識　親近善友 사악지식 친근선우
如是之人　乃可爲說 여시지인 내가위설

사람이 악한 지식(惡知識)을 버리고 착한 벗에 친근함을 보거든 이같은 사람에게 가히 위하여 설할지니라.
〈비유품〉

四種迦樓羅[69] 아름다운 무용수들

大威大身迦樓羅王 대위대신가루라왕
大滿大意迦樓羅王 대만대의가루라왕

---

68) 선의 네 가지 단계
69) 가루라는 춤 잘 추는 무용수들이다.

용을 두렵게 하는 대위덕 가루라왕
뛰어난 몸매를 가진 대신 가루라왕
배가 두둑한 대만 가루라왕
여의주 구슬을 가진 여의 가루라왕 〈法華經 序品〉

四種歌手[70] 네 가지 신통한 가수들

法緊那羅妙法緊 법긴나라묘법긴
大法緊羅持法王 대법긴나지법왕

사제가수(四諦歌手) 법긴나라
인연가수(因緣歌手) 묘법긴나라
육도만행(六度萬行) 대법긴나라
일승가창(一乘歌唱) 지법긴나라왕 〈法華經 序品〉

四種軍人[71] 4종 아수라

婆稚阿修佉羅馱 바치아수거라타
毗摩質多羅睺王 비마질다라후왕

화 잘내고 얽기 잘하는 바치 아수라왕
싸움하기 좋아하는 거라건타 아수라왕
바다처럼 물결치는 비마질다 아수라왕
해와 달을 장애하는 라후 아수라왕 〈法華經 序品〉

70) 긴나라는 노래 잘하는 가수들이다.
71) 4종 아수라는 요즘 말로 하면 육해공군에 해병대까지 합한 유명한 군인들이다.

娑婆世界 사바세계

娑婆世界三千衆生住不退地
三千衆生發菩提心而得受記

사바세계삼천중생주불퇴지
삼천중생발보리심이득수기

사바세계의 삼천 중생은 불퇴지에 머물고 삼천중생은 보리심을 일으켜 수기를 얻음이라.

三界無安 삼계무안

三界無安　猶如火宅 삼계무안 유여화택
衆苦充滿　甚可怖畏 중고충만 심가포외
常有生老　病死憂患 상유생로 병사우환

삼계는 평안치 않아 마치 불타는 집과 같아서 여러 가지 괴로움이 가득차 있어 심히 겁나고 두려우며 항상 생로병사와 우환이 끊임없느니라.

三界火宅(一)[72] 삼계화택 (1)

一國聚落大長者 일국취락대장자
其年衰邁財富貴 기년쇠매재부귀
多有田宅及僮僕 다유전택급동복

72) 우리가 살고 있는 세계를 불난 집에 비유하여 설명했다. 장자는 곧 부처이고 아이들은 중생이다.

其家廣大有一門 기가광대유일문
其中人住四五百 기중인주사오백
堂閣朽故墻壁落 당각후고장벽락
柱根腐敗棟梁危 주근부패동량위
周帀俱時欻火起 주잡구시홀화기
長者焚燒大驚怖 장자분소대경포
諸子不覺樂着戲 제자불각락착희
父雖憐愍高聲誘 부수연민고성유
諸子幼稚不知火 제자유치부지화
東西疾走戲視父 동서질주희시부
父作方便救諸子 부작방편구제자
種種珍玩三車類 종종진완삼거류
羊車鹿車白牛車 양거녹거백우거
競共推排爭出宅 경공추배쟁출택
四衢露地泰然坐 사구노지태연좌
希望卽與白牛車 희망즉여백우거
世上希有第一車 세상희유제일거
其高廣大寶莊嚴 기고광대보장엄
周邊欄楯四面鈴 주변난순사면령
張設幰盖珍奇寶 장설헌개진기보
嚴飾寶繩交絡瓔 엄식보승교락영
重敷婉筵置丹枕 중부완연치단침
駕體白牛膚充潔 가체백우부충결
多從侍衛僕而之 다종시위복이지
平平大路疾如風 평평대로질여풍

火宅變化蓮華池 화택변화연화지
是以三界火宅喩 시이삼계화택유

옛날 어떤 나라 마을에 큰 장자가 살았는데
나이는 많아 쇠했으나 재물과 부귀가 한량없었다.
많은 전택과 노비들을 거느리고 있었는데
넓고 큰 집에 오직 문이 하나 밖에 없었다.
사람은 4, 5백 그 속에 살고 있었으나
당각이 오래되어 담장이 허물어지고
기둥 뿌리가 부패하여 마루 대들보가 위험하기 그지없었다.
그런데 사방에서 불이 나 타오르므로
장자는 타는 불을 보고 매우 놀랐으나
아이들은 깨닫지 못하고 집착하여 뛰어 놀고 있었다.
아버지는 비록 불쌍히 여겨 큰 소리로 유인했으나
애들은 유치하여 불이 무엇인지도 알지 못하고
동서로 질주, 쳐다만 보고 있으니
아버지가 방편으로 갖가지 완구를 만들어
양거, 녹거, 우거·대백우거를 보이니
다투어 뛰어나와
태연히 사거리 노지에 앉아 있었다.
희망 따라 대백우거를 하나씩 주니
세상에선 제일가는 희유한 수레였다.
높고 넓고 크게 장엄하여
사방 난간에는 풍경이 달리고
진기한 보배로 장식된 일산 휘장이 쳐지고
보배들을 엮어 꽃과 영락을 드리웠으며
고운 자리 깔고 붉은 베개를 놓아
빛깔 곱고 살찐 숫소로 멍에하니
많은 사람들이 좌우로 시위하며
평평한 큰 길을 질풍같이 달렸다.
불난 집이 변해서 연꽃이 된 것이니
이것이 삼계화택의 비유이다. 〈法華經 譬喩品〉

三界火宅 (二)[73] 삼계화택 (2)

三界大宅堂舍中 삼계대택당사중
鴟梟鵰鷲烏鵲鳩 치효조취오작구
蚖蛇蝮蠍蜈蚣蜒 원사복갈오공연
守宮百足鼬貍鼠 수궁백족유리서
屎尿臭處不淨流 시뇨취처부정유
蜣蜋諸蟲集其上 강랑제충집기상
狐狼野干咀嚼踏 호랑야간저작답
嚌齧死屍骨肉狼 제설사시골육낭
群狗競來搏撮是 군구경래박촬시
飢羸慞惶處處食 기리장황처처식
鬪諍摣掣啀嘷吠 투쟁로체애호폐
諸惡蟲業交橫馳 제악충업교횡치
其舍恐怖狀如是 기사공포상여시
處處皆有魑魅魎 처처개유이매량
夜叉惡鬼噉人肉 야차악귀담인육
毒蟲之屬諸惡獸 독충지속제악수
孚乳生產各自護 부유생산각자호
夜叉競來爭取食 야차경래쟁취식
食之旣飽惡轉熾 식지기포악전치
鬪諍之聲甚可畏 투쟁지성심가외
鳩槃茶鬼蹲踞土 구반다귀준거토
或時離地二三尺 혹시이지이삼척
從返遊行縱喜戲 종반유행종희희
捉狗兩足撲失聲 착구양족박실성

73) 불난 집에서 살고 있는 중생들의 모습을 비유로써 밝혔다.

以脚加頸怖狗樂 이각가경포구락
後有諸鬼身長大 후유제귀신장대
裸形黑瘦常其中 나형흑수상기중
發大惡聲叫呼食 발대악성규호식
復有諸鬼咽如針 부유제귀인여침
首如牛頭噉人狗 수여우두담인구
夜叉餓鬼諸惡獸 야차아귀제악수
飢急四向窺牕牖 기급사향규창유
如是諸難恐無量 여시제난공무량
是朽故宅屬一人 시후고택속일인
其人近出未久間 기인근출미구간
宅舍忽然火焚起 택사홀연화분기
四面一時燄俱熾 사면일시염구치
棟梁椽柱爆聲震 동량연주폭성진
摧折墮落墻壁崩 최절타락장벽붕
諸鬼神等揚大叫 제귀신등양대규
鵰鷲諸鳥鳩槃茶 조취제조구반다
周慞惶怖不能出 주장황포불능출
惡獸毒蟲藏孔穴 악수독충장공혈
毗舍闍鬼亦住中 비사사귀역주중
薄福德故火所逼 박복덕고화소핍
共相殘害飮血肉 공상잔해음혈육
野干之屬並前死 야간지속병전사
諸大惡獸競來噉 제대악수경래담
臭烟蓬㶿四面充 취연봉발사면충
蜈蚣蚰蜒毒蛇類 오공유연독사류

爲火所燒爭走出 위화소소쟁주출
鳩槃茶鬼隨取食 구반다귀수취식
又諸餓鬼頭上然 우제아귀두상연
飢渴熱惱周慞悶 기갈열뇌주장민
長者聞已驚入宅 장자문이경입택
方宜救濟無燒害 방의구제무소해
告喩諸子衆患難 고유제자중환난
諸子無知聞父誨 제자무지문부회
猶故樂着嬉戲不 유고락착희희불
說諸方便三車玩 설제방편삼거완
卽時奔競馳走出 즉시분경치주출
四衢師座自慶言 사구사좌자경언
我今快樂無生樂 아금쾌락무생락
歡喜踊躍寶車乘 환희용약보거승
八叉道路自在行 팔차도로자재행
此是三界火宅喩 차시삼계화택유

3계의 큰 집, 당사 중에
소리개와 올빼미, 독수리, 부엉이, 까마귀, 까치, 비둘기들과
독사, 살모사, 전갈, 지네, 베짱이
그리마, 도마뱀, 족제비, 살쾡이, 생쥐
나쁜 벌레 이리저리 기고 뛰네.
똥, 오줌 냄새나고 더러운 것 가득한데
말똥구리 벌레들이 날아들어 위로 덮고
여우, 이리, 야간들이 찢고 밟고 뜯고 하여
죽은 것을 물고 뜯어
살과 뼈가 널려 있네.
개들이 달려와서 끌고 당기며

먹을 것을 찾느라고 이리저리 날뛰면서
서로 다퉈 싸우면서 으르렁 으르렁 짖어대니
그 집안에 두려움이 위와 같느니라.
곳곳에 이리, 망량
야차, 악귀 사람고기 뜯어먹고
독한 벌레 사나운 짐승
새끼쳐서 젖먹이고 보호하며 기르지만
야차들이 달려와서 잡아먹고
배부르면 악한 마음 치성하여
무서웁게 악을 쓰며
구반다귀 흙더미에 걸터앉아
어떤 때는 땅 위에서
한 자 두 자 솟아 뛰고
이리저리 뒹굴면서 제멋대로 장난치고
두 다리를 움켜잡아 소리마저 못 내게 하고
목과 다리 꼼짝 못해 두려워하는 개를 보고 즐기나니.
또 다른 귀신들은 큰 키에
벌거벗은 야윈 몸으로 그 가운데
큰 소리로 먹을 것을 서로 찾고
또한 다시 어떤 귀신 목구멍이 바늘구멍
머리통이 쇠대가리 사람들을 잡아먹고
야차, 아귀 나쁜 짐승
배고프고 굶주려서 창틈으로 살피나니
이와 같이 여러 고난 무서움이 한량없네.
이와 같이 낡은 집이 한 사람의 소유더니
그 사람이 외출한 뒤 얼마 되지 아니하여
그 집에서 불이 나서
맹렬하게 타오르니
대들보와 서까래, 기둥들이 타는 소리 진동하고
꺾어지고 부러지고 담과 벽이 무너지네.
여러 가지 귀신들이 큰 소리로 울부짖고
부엉이와 독수리 구반다귀신들은

당황하고 황급하여 나올 줄을 모르도다.
악한 짐승, 독한 벌레, 구멍 찾아 숨어들고
비사사귀신들은 그 가운데 머물더니
복과 덕이 없으므로 불길 속에 몰리면서
서로서로 잔인하게 피를 빨고 살을 씹고
여우들의 무리들은 이미 먼저 죽었는데
크고 악한 짐승들이 몰래 와서 뜯어먹어
매운 연기 자욱하여 사방에 가득하니
지네들과 그리마, 독사들의 무리들이
불에 타고 뜨거워서 다투어 뛰어오면
구반다귀신들은 보는 대로 주워 먹네.
여러 아귀 머리 위엔 불들이 타오르니
배고프고 뜨거워서 황급하게 달아나네.
장자들이 이를 보고 놀라 뛰어 들어와서
구제방법 생각하여 불타죽지 않게 하고자
자식들께 타이르며 환난을 설명하나
자식들은 무지하여 전혀 말씀 듣지 않고
노는 데만 정신 팔려 들은 척도 하지 않네.
여러 가지 방편으로 세 수레로 자랑하니
즉시에 뛰어나와
사거리에 앉아서 스스로 말하기를
저희들이 지금 와서 무상의 쾌락을 얻었다고
기뻐 뛰며 보배 수레에 올라
8차선 도로를 마음대로 내달리니
이것이 삼계화택의 비유이다. 〈法華經 譬喩品〉

三念住[74] 3념주

讚不動 찬부동

74) 부처가 되면 흔들림 없이 이렇게 살 수 있다.

毁不動 훼부동
半不動 반부동

항상 바른 생각과 지혜에 머물러
칭찬해도 동요하지 않고
헐뜯어도 동요하지 않고
반반 나누어 칭찬하고 헐뜯어도 기뻐하고 근심하지 않는다. 〈戒環疏〉

一. 讚佛頌[75)] 1. 찬불송

塵墨劫前早成佛 진묵겁전조성불
爲度衆生現世間 위도중생현세간
巍巍德相月輪滿 외외덕상월륜만
於三界中作導師 어삼계중작도사

진묵겁전에 성불하였으나
중생을 제도하기 위해 세간에 나타나셨습니다.
외외한 덕상은 보름달 같아
3계 가운데서 길잡이가 되고 있습니다. 〈釋門儀範〉

二. 讚佛頌[76)] 2. 찬불송

金色三十二 금색삼십이

75) 이런 인격을 가지고도 자기 만족에 빠지는 자가 있는데, 부처님은 일생을 길잡이로서 살았다.
76) 18불공법은 10력, 4무 소외, 3부동, 대자대비로써 깨달은 사람만이 가질 수 있는 열여덟 가지 특징

十力諸解脫 십력제해탈
八十種修好 팔십종수호
十八不共法 십팔불공법

금빛 찬란한 서른두 가지 모습이여,
10력으로 해탈하셨나이다.
팔십 가지 교묘한 모습이여,
18불공법은 누구와도 같지 않습니다.

〈妙法蓮華經 優婆提舍 下卷 舍利弗偈〉

三昧[77] 삼매

三時禪定　等持正受 삼시선정 등지정수
現法樂住　思慮凝心 현법락주 사려응심

삼매는 선정으로
등지 정수라 번역한다.
선정 중에 법락을 얻고
생각 가운데서 정신이 항상 통일되어 있기 때문이다.

〈法華疏〉

三藏[78] 삼장

修多經藏貫縫綴 수다경장관봉철
律藏除去諸惡行 율장제거제악행

77) 정신을 통일하는 방법
78) 경 · 율 · 론 3장의 특징

論藏經律正邪辨 논장경율정사판

수다라 경장은 흩어진 진리를 꿰뚫어 봉철하고
율장은 모든 악행을 제거하며
논장은 경·율의 정과 사를 판단한다. 〈戒環疏〉

上求菩提 상구보리

上求菩提　下化衆生 상구보리 하화중생

위로는 보리를 희구하고, 아래로는 중생을 교화한다.

常樂多聞 상락다문

常樂多聞　常勤精進 상요다문 상근정진

항상 바른 법 듣기를 좋아하고
항상 부지런히 정진하라.

常不輕菩薩[79] 상불경보살

二萬威音億侍佛 이만위음억시불
二千日月燈明佛 이천일월등명불
其餘自在燈王佛 기여자재등왕불

79) "성불하십시오." "당신은 이미 성불되어 있는 부처입니다" 하고 외치고 상대방을 존경하는 상불경보살님.

弘法繼續布法行 홍법계속포법행

이만위음왕 부처님과 이천일월등명불
또 이어 자재등왕불을 시봉하여
널리 법을 펴 포법행을 계속하고 있는 보살이다.

〈法華經 常不輕菩薩品〉

常應深心 상응심심

常應深心　恭敬禮拜 상응심심 공경예배

항상 마땅히 깊은 마음으로 공경하고 예배하라.

常在此不滅 상재차불멸

常在此不滅 상재차불멸
以方便力故 이방편력고
現有滅不滅 현유멸불멸
餘國有衆生 여국유중생
恭敬信樂者 공경신락자
我復於彼中 아부어피중
爲說無上法 위설무상법

항상 여기에 있어 멸하지 아니하건만 방편력을 쓰고 고로 멸과 불멸이 있음을 나타내노라. 다른 나라 중생이 공경하고 믿고 즐거워하는 자가 있으면 나는 다시 그들 가운데 나타나 위없는 법을 설하건만.

常住不滅 상주불멸

常住不滅　敎化衆生 상주불멸 교화중생

여래는 항상 머물러 멸하지 않고
중생을 교화하고 계시느니라.

常好坐禪 상호좌선

常好坐禪　閑處修心 상호좌선 한처수심

항상 좌선을 좋아하되 한적한 곳에서 마음을 닦으라.

善哉父母 선재부모

善哉父母　願時往詣 선재부모 원시왕예
雲雷音宿王華智佛所 운뇌음숙왕화지불소
親近供養 친근공양

거룩하십니다, 부모님이여. 원컨대, 운뇌음숙왕화지불의
처소로 가시어 친견하고 공양하십시오.

善學菩薩道 선학보살도

善學菩薩道 선학보살도
不染世間法 불염세간법

如蓮華在水 여연화재수
從地而涌出 종지이용출
皆起恭敬心 개기공경심
住於世尊前 주어세존전

보살도를 잘 배워서 세간의 법에 물들지 않음이 연꽃이 물에 있음과 같음이라. 땅으로부터 솟아나 다 공경하는 마음을 일으켜 세존 앞에 머무름이라.

說法 時·處 설법의 장소를 따라 그 종지를 밝힌다면

華嚴 展轉十處 화엄 전전십처
圓彰法界 원창법계
圓覺 依大光明 원각 의대광명
直示本起 직시본기
法華 人間城山 법화 인간성산
染淨明華 염정명화
古佛之處 고불지처
祖述明燈 조술명등

화엄경은 열 곳을 돌아다니며 원만히 법계를 밝혔고,
원각경은 대광명장을 의지하여 바로 본기(本起)를 보였으며, 법화경은 인간의 성과 산을 의지하여
깨끗하고 더러운 것을 연꽃으로 밝혔으니
이것이 옛 부처님 계신 곳에서
조사의 등명을 설명해주신 것이다. 〈戒環疏〉

說法偈[80] 설법게

我有一卷經 아유일권경
不因紙墨成 불인지묵성
展開無一字 전개무일자
常放大光明 상방대광명

나에게 한 권의 경이 있는데
종이와 먹으로 이루어진 것이 아니다.
한 글자도 전개하지 아니하지만
항상 대광명을 놓고 있다. 〈釋門儀範〉

說是經已 설시경이

說是經已 설시경이
卽於大衆中結跏趺坐 즉어대중중결가부좌
入於無量義處三昧 입어무량의처삼매
身心不動 신심부동

이 경을 다 설하신 뒤에는 곧 많은 대중 가운데서 가부좌를 하시고 무량의처삼매에 드시어 몸과 마음이 조금도 움직이지 않으시고 조용히 앉아 계셨느니라. 〈법화경 서품〉

80) 법사님이 설법할 것을 예시한 게송

說此語時 설차어시

說此語時 會中有 설차어시 회중유
比丘比丘尼 비구비구니
優婆塞優婆夷 우바새우바이
五千人等 오천인등
卽從座起禮佛而退 즉종좌기예불이퇴
所以者何 소이자하
此輩罪根深重及增上慢 차배죄근심중급증상만
未得謂得 未證謂證 미득위득 미증위증
有如此失 是以不住 유여차실 시이부주
世尊默然而不制止 세존묵연이부제지

이 말씀을 설하실 때 법회에 있던 비구·비구니와 우바새·우바이 등 오천 사람이 곧 자리에서 일어나 부처님께 예배하고 떠나가 버렸다. 그 까닭은 이 오천 명의 무리들은 지금까지 지은 죄업이 무겁고 깊을 뿐더러 거만하여 아직 얻지 못함을 얻었다 생각하고 아직 깨닫지 못함을 깨달은 체 스스로 자만하였던 때문이었다. 그들은 이러한 허물이 있었으므로 이 자리에 더 머무를 수 없었다. 그때, 부처님께서는 잠자코 앉으시어 말리지 않으시었다.

〈법화경 서품〉

成等正覺 성등정각

成等正覺廣度衆生 성등정각광도중생
皆因提婆達多善知識故 개인제바달다선지식고

告諸四衆　提婆達多　고제사중 제바달다
却後過無量劫　각후과무량겁
當得成佛　당득성불

성등정각을 이루고 널리 중생을 제도하는 것이 모두 다 제바달다 선지식에 의한 연고니라. 모든 사대부중에게 이르노라. 제바달다는 이후 한량없는 겁을 지나 마땅히 성불하리라.

聲聞 · 緣覺[81] 성문 · 연각

無漏小果　六通三明　무루소과 육통삼명

샘이 없는 작은 깨달음으로
6신통을 얻고
천안 · 숙명 · 누진통 얻기를
바라는 사람들이다.

〈法華經 序品〉

聲聞若菩薩 성문약보살

聲聞若菩薩　성문약보살
聞我所說法　문아소설법
乃至於一偈　내지어일게
皆成佛無疑　개성불무의

81) 성문은 고 · 집 · 멸 · 도 4제의 이치를 깨달아 열반을 증득한 분들이고, 연각은 12인연의 이치를 깨달아 생사를 해탈한 분들이다.

성문이나 또는 보살이 내가 설하는 법의 게송 한 마디를
들을지라도 다 의심 없이 성불하리라. 〈방편품〉

性本淵澄 성본연징

性本淵澄 성본연징

성품은 본래부터 깨끗한 연못 같아 맑은 것이다.

性欲無量故 성욕무량고

性欲無量故　說法無量 성욕무량고 설법무량
說法無量故　義亦無量 설법무량고 의역무량

성품과 욕망이 한량이 없는 고로 설법도 한량이 없느니라. 설법이 한량이 없는 고로 그 뜻도 또한 한량이 없느니라. 〈무량의경 설법품〉

世皆不牢固 세개불뢰고

世皆不牢固 세개불뢰고
如水沫泡焰 여수말포염

세상은 다 견고하지 않고 물거품과 연기와도 같음이라.
〈수희공덕품〉

世雄不可量 세웅불가량

世雄不可量 세웅불가량
諸天及世人 제천급세인
一切衆生類 일체중생류
無能知佛者 무능지불자

거룩하신 부처님의 지혜덕은 알수없네 모든하늘 세상사람 여러중생 누구라도 부처님의 참모습을 헤아릴자 없느니라.
〈법화경 서품〉

世尊　藥王菩薩 세존　약왕보살

世尊　藥王菩薩 세존 약왕보살
云何遊於娑婆世界 운하유어사바세계
世尊　是藥王菩薩 세존 시약왕보살
有若干 유약우
百千萬那由億 백천만나유억
難行苦行 난행고행

세존이시여, 약왕보살은 어떻게 하여 사바세계에서 노시나이까. 세존이시여, 이 약왕보살은 백천만억나유타에 어떠한 난행과 고행이 있었나이까.

世尊 세존

世尊　我等	세존 아등
於佛滅後　世尊分身	어불멸후 세존분신
所在國土　滅度之處	소재국토 멸도지처
當廣說此經　所以者何	당광설차경 소이자하
我等亦自欲得	아등역자욕득
是眞淨大法　受持讀誦	시진정대법 수지독송
解說書寫　而供養之	해설서사 이공양지

세존이시여, 우리들이 부처님께서 멸도하신 후에 세존의 분신(分身)이 계신 국토 멸도하신 곳에서 마땅히 널리 이 경을 설하오리다. 어찌하여 그러한고, 우리들도 또한 스스로 이 진정(眞淨)의 대법을 얻어서 받아 가지고 읽고 외우고 해설하고 옮겨 써서 이를 공양코자 하나이다.

〈여래신력품〉

世尊 세존

世尊	세존
我等亦當於他國土	아등역당어타국토
廣說此經　所以者何	광설차경 소이자하
是娑婆國中　人多弊惡	시사바국중 인다폐악
懷增上慢　功德淺薄	회증상만 공덕천박
瞋濁諂曲　心不實故	진탁첨곡 심불실고

세존이시여, 우리들도 또한 마땅히 다른 국토에서 널리

이 경을 설하오리다. 어찌하여 그러한고, 이 사바세계에는 사람은 폐악함이 많고 증상만을 품어서 공덕이 천박하고 성냄과 탁함과 아첨과 바르지 못함으로 마음이 진실하지 않은 까닭입니다. 〈지품〉

世尊 세존

世尊　於後五百歲　세존 어후오백세
濁惡世中　其有受持　탁악세중 기유수지
是經典者　我當守護　시경전자 아당수호
除其衰患　令得安穩　제기쇠환 영득안온
便無伺求　得其便者　편무사구 득기편자

세존이시여, 후五百세의 흐리고 악한 세상에서 이 경전을 받아 가지는 자가 있으면 내가 마땅히 수호해서 그의 쇠환(衰患)을 제하고 그로 하여금 안온을 얻게 하며 잘못을 엿보는 자에 편리를 얻지 못하게 하오리다.
〈보현보살권발품〉

世尊 세존

世尊　세존
是時窮子聞父此言　시시궁자문부차언
卽大歡喜得未曾有　즉대환희득미증유
而作是念　이작시념
我本無心有所希求　아본무심유소희구

세존이시여, 이때 가난한 아들은 아버지의 말을 듣고 크게 환희하여 미증유를 얻고 생각하되, 나의 본심은 구하지도 않은 것이었다.

世尊 세존

世尊　譬如有人至親友家醉酒而臥
是時親友……
以無價寶珠繫其衣裏與之而去

세존　비여유인지친우가취주이와
시시친우……
이무가보주계기의리여지이거

세존이시여, 비유컨대 어떤 사람이 친구의 집에 가서 술에 취해 잠자는 사이에 친구가…… 값으로 헤아릴 수 없는 보석구슬을 그의 옷 속에 넣어 주고 나갔습니다.

世尊 세존

世尊　若聽我等於佛滅後……
護持讀誦書寫供養是經典者
當於此土而廣說之

세존　약청아등어불멸후……
호지독송서사공양시경전자
당어차토이광설지

세존이시여, 만일 우리들에게 부처님께서 멸도하신 후에…… 이 경전을 호지하고 독송하며 서사하고 공양할 것을 허락하신다면 마땅히 이 국토에서 이를 널리 설하오리다.

世尊 세존

世尊　是菩薩種 세존 시보살종
何善本修何功德 하선본수하공덕
而能有是大神通力 이능유시대신통력
行何三昧 행하삼매

세존이시여, 이 보살은 어떠한 선본을 심었으며 어떠한 공덕을 닦아서 능히 이 큰 신통력이 있으며 어떠한 삼매를 행하나이까.

世尊 세존

世尊　是陀羅尼神呪 세존 시다라니신주
六十二億恒河沙等諸佛 육십이억항하사등제불
所說若有侵毁此法師者 소설약유침훼차법사자
則爲侵毁是諸佛已 즉위침훼시제불이

세존이시여, 이 다라니신주는 육십이억항하사 등의 모든 부처님께서 설하신 바이니, 만일 이 법사를 헐어 훼방하는 자는 곧 모든 부처님을 헐어 훼방하는 것이 됩니다.

世尊 세존

世尊 세존
我等亦欲擁護 아등역욕옹호
讀誦受持法華經者 독송수지법화경자
除其衰患 제기쇠환

세존이시여, 우리들도 또한 법화경을 읽고 외우고 수지하는 자를 옹호하여 그의 쇠함과 환란을 제거하고……

世尊 세존

世尊　未曾有也 세존　미증유야
如來之法具足成就 여래지법구족성취
不可思議微妙功德 불가사의미묘공덕
教誡所行安穩快善 교계소행안온쾌선
我從今日不復自隨心行 아종금일불부자수심행

세존은 미증유시라, 여래의 법은 불가사의 미묘한 공덕을 구족하여 성취하심이라. 가르침과 계를 행함이 안온하고 즐거움이라. 나는 오늘부터 다시는 스스로의 마음을 따르지 않겠습니다.

世尊 세존

世尊 세존

於後五百歲濁惡世中　어후오백세탁악세중
其有受持是經典者　기유수지시경전자
我當守護　아당수호
除其衰患令得安穩　제기쇠환령득안온

세존이시여, 후오백세에 흐리고 악한 세상에 이 경전을 받아가지는 자가 있으면, 내가 마땅히 수호해서 그의 환란을 제거하고 그로 하여금 안온을 얻게 하겠습니다.

世尊 세존

世尊　得成阿耨多羅三藐三菩提
從是已來始過四十餘年
云何於此少時大作佛事

세존 득성아뇩다라삼먁삼보리
종시이래시과사십여년
운하어차소시대작불사

세존이시여…… 아뇩다라삼먁삼보리는 성취하셨나이다. 이때로부터 지금까지 겨우 사십 년이 지나지 않았거늘…… 어찌 이 짧은 시간에 큰 불사를 하셨나이까.

世尊大恩 세존대은

世尊大恩　以希有事　세존대은 이희유사
憐愍教化　利益我等　연민교화 이익아등

無量億劫　誰能報者 무량억겁 수능보자
手足供給　頭頂禮敬 수족공급 두정예경
一切供養　皆不能報 일체공양 개불능보

세존은 큰 은혜이시니 우리들을 불쌍히 생각하시어 희유한 일로 교화하사 이익되게 하시니, 한량없는 억겁엔들 누가 능히 갚으리오. 수족으로 받들고 머리 숙여 예배하고 공경하며 일체를 공양할지라도 능히 다 갚지 못하오리다. 〈신해품〉

世尊甚希有 세존심희유

世尊甚希有 세존심희유
久遠乃一現 구원내일현

세존은 심히 희유하심이라. 오래고 먼 세월에 한 번 나타나셨도다. 〈화성유품〉

世尊於長夜 세존어장야

世尊於長夜 세존어장야
常愍見教化 상민견교화
令種無上願 영종무상원
我等無智故 아등무지고
不覺亦不知 불각역부지

세존께서 오랜 세월에 걸쳐 항상 불쌍히 여기시고 교화하사 위없는 원을 심게 하셨거늘, 우리는 무지로 인하여 깨닫지도 알지도 못하였나이다.

世尊知衆生 세존지중생

世尊知衆生 세존지중생
深心之所念 심심지소념
亦知所行道 역지소행도
又知智慧力 우지지혜력
欲樂及修福 욕락급수복
宿命所行業 숙명소행업
事尊悉知已 사존실지이
當轉無上輪 당전무상륜

세존께서는 중생이 마음 깊이 생각하는 바를 아실 것이며, 또 행할 바의 도를 아실 것이며, 또 지혜력을 아시오리다. 욕망과 낙과 닦은 복과 전생에서 행한 바의 업을 세존께서는 이미 다 아시오니, 마땅히 무상 법륜을 전하옵소서.

〈화성유품〉

所以者何 소이자하

所以者何 소이자하
若有比丘實得阿羅漢 약유비구실득아라한
若不信此法無有是處 약불신차법무유시처

왜냐하면 만일 비구가 참된 아라한을 얻으려면 이 일승법을 믿지 않고는 이 경지에 도달할 수 없기 때문이니라.
〈법화경 서품〉

所以者何 소이자하

所以者何 소이자하
佛所成就第一 불소성취제일
希有難解之法 희유난해지법
唯佛與佛乃 유불여불내
能究盡諸法實相 능구진제법실상

왜냐하면 부처님이 성취하신 진리는 이 세상에서 가장 높은 것이므로 말로 표현할 수도 없고 뜻으로도 분별할 수 없으며, 성문이나 연각의 지혜로도 미칠 바 아닌 가장 높은 실상묘법이므로, 오직 부처님과 깨친 이만이 모든 법의 참 모습을 알기 때문이니라. 〈법화경 서품〉

所以者何 소이자하

所以者何 소이자하
諸佛世尊 제불세존
唯以一大事因緣 유이일대사인연
故出現於世 고출현어세
舍利弗 사리불
云何名諸佛世尊 운하명제불세존

唯以一大事因緣	유이일대사인연
故出現於世	고출현어세
諸佛世尊	제불세존
欲令衆生開佛知見	욕령중생개불지견
使得淸淨故出現於世	사득청정고출현어세
欲示衆生佛之知見	욕시중생불지지견
故出現於世	고출현어세
欲令衆生悟佛知見	욕령중생오불지견
故出現於世	고출현어세

왜냐하면 모든 부처님께서는 세상을 청정하게 하고 모든 사람을 구제하기 위하여 오직 일대사인연을 가지고 세상에 출현하시느니라.
사리불아, 어찌하여 모든 부처님께서 세상을 위하고 사람들을 위하여 오직 일대사인연을 가지고 세상에 출현하신다고 하는가 하면, 모든 부처님께서는 중생들에게 부처님의 지혜를 열어 주어 청정함을 얻게 하시려고 세상에 출현하시며, 모든 중생에게 부처님의 지혜를 나타내 보여 주시려고 세상에 출현하시며, 모든 중생으로 하여금 부처님의 지혜를 깨닫게 하시려고 세상에 출현하시며, 모든 중생으로 하여금 부처님의 깊은 지혜에 들어가서 깨달음의 길로 들어가게 하시려고 세상에 출현하시느니라.
사리불아, 이것이 모든 부처님께서 오직 모든 사람을 구제하고 모든 세상을 청정하게 하기 위해 일대사인연으로 이 세상에 출현하시는 것이라 하느니라. 〈법화경 서품〉

所作佛事 소작불사

所作佛事　未曾暫廢 소작불사 미증잠폐

부처님의 일을 하되 일찍이 잠시도 쉬지 아니하느니라.
〈수량품〉

小智樂小法 소지악소법

小智樂小法 소지악소법
不自信作佛 부자신작불
是故以方便 시고이방편
分別說諸果 분별설제과
雖復說三乘 수부설삼승
但爲教菩薩 단위교보살

작은 지혜를 가진 자는 작은 법을 원하고 스스로 성불할 것을 믿지 않는지라, 이런 까닭으로 방편으로써 분별하여 모든 과(果)를 설하고 다시 三승을 설하였으니 다만 보살을 가르치기 위함이라. 〈방편품〉

授記[82] 수기의 조건

一. 人格 1. 인격

82) 예언 따라 공부하면 이런 인격을 형성한다. 이것이 불법을 받드는 이유이다.

自性天眞佛　　　　　자성천진불
萬德圓滿十號足　　만덕원만십호족
供養諸佛　奉持正法　공양제불 봉지정법
具足萬行　當得作佛　구족만행 당득작불

자성은 천진불이나
거기 만 가지 덕을 원만히 갖추어야 10호를 구족한다.
모든 부처님께 공양하고 정법을 받들어 지니고
만행을 구족하면 마땅히 부처가 된다. 〈法華經 授記品〉

二. 國土[83] 2. 국토

劫國莊嚴　因行依報　겁국장엄 인행의보
國土淸淨　安穩豊樂　국토청정 안온풍락
無災苦痛　天人充滿　무재고통 천인충만

국토장엄은 인행의 의보에서 온다.
국토가 청정하고 안온풍락하면
재앙과 고통이 없어 천인이 충만하게 된다.
〈法華經 授記品〉

雖難可教化 수난가교화

雖難可敎化　我等當起大忍力讀誦此經
持說書寫種種供養不惜身命

83) 위대한 인격자가 수용하는 국토장엄

수난가교화 아등당기대인력독송차경
지설서사종종공양불석신명

비록 교화하기는 어려울지라도, 우리들이 마땅히 큰 인욕의 힘을 일으켜서 이 경을 독송하며 지니고 설하며 서사하고 공양하되 신명을 바치겠나이다.

誰能於此 수능어차

誰能於此娑婆國土 수능어차사바국토
廣說妙法華經 광설묘법화경
今正是時　如來不久 금정시시 여래불구
當入涅槃 당입열반
佛欲以此妙法華經 불욕이차묘법화경
付囑有在 부촉유재

누가 능히 이 사바 국토에서 널리 묘법화경을 설하겠느뇨. 지금이 바로 이 때다. 여래는 오래지 않아 마땅히 열반에 들리라. 부처님은 이 묘법화경을 부촉하고자 있느니라.
〈견보탑품〉

修德見我 수덕견아

修德見我　善業同感 수덕견아 선업동감

공덕을 닦아 나를 보게 되면 착한 업이 함께 감응하게 된다.

雖未得修行 수미득수행

雖未得修行　六婆羅密 수미득수행 육바라밀
六婆羅密　自然在前 육바라밀 자연재전

비록 六바라밀을 닦고 행하지 못하였을지라도 六바라밀이 스스로 앞에 나타나다. 〈무량의경 四공덕품〉

水雖俱洗 수수구세

水雖俱洗　而井非池 수수구세 이정비지
池非江河　溪渠非海 지비강하 계거비해

물은 비록 다 같이 씻을 수 있다 할지라도 그러나 샘은 못이 아니요, 못은 강하(江河)가 아니며, 시내는 바다가 아니니라. 〈무량의경설법품〉

隨宜所說 수의소설

隨宜所說意趣難解 수의소설의취난해

사람들의 근기에 따라 적절한 방편으로 진리를 설하셨으므로, 참뜻이 어디에 있는지는 깨닫기 어렵고 알기 어려우니라. 〈법화경 서품〉

受諸苦惱 수제고뇌

受諸苦惱	수제고뇌
聞是觀世音菩薩	문시관세음보살
一心稱名　觀世音菩薩	일심칭명 관세음보살
卽時觀其音聲	즉시관기음성
皆得解脫	개득해탈

모든 고뇌를 받을 때에 관세음보살의 이름을 듣고 일심으로 부르면, 관세음보살이 즉시 그 이름을 듣고 다 해탈을 얻게 한다.

宿王華譬 수왕화비

宿王華譬如一切	수왕화비여일체
川流江河　諸水之中	천류강하 제수지중
海爲第一　此法華經	해위제일 차법화경
亦復如是　於諸如來	역부여시 어제여래
所說經中　最爲深大	소설경중 최위심대

수왕화야, 비유하건대 일체의 냇물이나 강물이나 모든 물 가운데서 바다가 제일이듯이 이 법화경도 또한 이와 같이 모든 여래가 설한 경 가운데서 가장 깊고 큼이니라.

〈약왕품〉

是經 시경

是經	시경
本從諸佛室宅中來	본종제불실택중래
去至一切衆生	거지일체중생
發菩提心　住諸菩薩	발보리심 주제보살
所行之處	소행지처

이 경은 본래 모든 부처님의 집으로부터 와서 일체 중생의 보리심 일으키는 데로 가서, 모든 보살이 행하는 처소에 머무르느니라. 〈무량의경 十공덕품〉

是經能令 시경능령

是經能令菩薩	시경능령보살
未發心者　發菩提心	미발심자 발보리심
無慈仁者　起於慈心	무자인자 기어자심
好殺戮者起大悲心	호살륙자기대비심
生嫉妬者　起隨喜心	생질투자 기수희심
有愛著者　起能捨心	유애착자 기능사심
諸慳貪者　起布施心	제간탐자 기보시심
多憍慢者　起持戒心	다교만자 기지계심
瞋恚盛者　起忍辱心	진에성자 기인욕심
生懈怠者　起精進心	생해태자 기정진심
諸散亂者　起禪定心	제산란자 기선정심

多愚癡者　起智慧心 다우치자 기지혜심
未能度彼者起度彼心 미능도피자기도피심
行十惡者　起十善心 행십악자 기십선심
樂有爲者　志無爲心 낙유위자 지무위심
有退心者　作不退心 유퇴심자 작불퇴심
爲有漏者　起無漏心 위유루자 기무루심
多煩惱者　起除滅心 다번뇌자 기제멸심

이 경은 아직 발심하지 못한 보살을 능히 보리심을 일으키게 하며, 인자함이 없는 자에게는 인자한 마음을 일으키게 하며, 살생을 즐기는 자에게는 대비심을 일으키게 하며, 질투하는 자에게는 따라 기뻐하는 마음을 일으키게 하며, 애착이 있는 자에게는 능히 버리는 마음을 일으키게 하며, 모든 것을 아끼고 탐내는 자에게는 보시하는 마음을 일으키게 하며, 교만함이 많은 자에게는 지계(持戒)의 마음을 일으키게 하며, 성냄을 잘하는 자에게는 인욕하는 마음을 일으키게 하며, 게으른 자에게는 정진하는 마음을 일으키게 하며, 모든 것에 산란한 자에게는 선정의 마음을 일으키게 하며, 어리석음이 많은 자에게는 지혜의 마음을 일으키게 하며, 아직 제도 안된 자에게는 제도되려는 마음을 일으키게 하며, 열 가지의 악을 행하는 자에게는 열 가지의 착한 마음을 일으키게 하며, 유위(有爲)를 즐기는 자에게는 무위(無爲)의 마음을 뜻하게 하며, 물러서려는 마음이 있는 자에게는 물러서지 않는 마음을 가지게 하며, 누(漏)가 있는 자에게는 누가 없는 마음을 일으키게 하며, 번뇌가 많은 자에게는 제하여 없애는 마음을 일으키게 하느니라.

〈무량의경 十공덕품〉

是故汝等 시고여등

是故汝等　於如來滅後　시고여등 어여래멸후
應當一心　受持讀誦　응당일심 수지독송
解說書寫　如說修行　해설서사 여설수행
所在國土　소재국토
若有受持讀誦　약유수지독송
解說書寫　如說修行　해설서사 여설수행
若經卷所住之處　약경권소주지처
若於園中若於林中　약어원중약어림중
若於樹下　若於僧坊　약어수하 약어승방
若白衣舍　若在殿堂　약백의사 약재전당
若山谷曠野　是中皆應　약산곡광야 시중개응
起塔供養所以者何　기탑공양소이자하
當知是處　卽是道場　당지시처 즉시도량
諸佛於此　제불어차
得阿耨多羅三藐三菩提　득아뇩다라삼먁삼보리
諸佛於此　轉於法輪　제불어차 전어법륜
諸佛於此　而般涅槃　제불어차 이반열반

이런고로 너희들은 여래가 멸도한 후에 응당 일심으로 받아 가지고 읽고 외우고 해설하고 옮겨 쓰고 설함과 같이 닦고 행하라. 있는 바의 국토에서 만일 받아 가지고 읽고 외우고 해설하고 옮겨 쓰고 설함과 같이 닦고 행하라. 경권의 머무른 곳이 혹은 원중(園中)이거나 혹은 수풀 속이거나 혹은 나무 밑이거나 혹은 승방이거나 혹은

백의(白衣)의 집이거나 혹은 전당이거나 혹은 산곡이거나 넓은 들에 있을지라도 이 가운데에 다 응하여 탑을 일으키고 공양할지니라. 어찌하여 그러한고, 마땅히 알라, 이 곳이 곧 도량이니 모든 부처님이 이 곳에서 아뇩다라삼먁삼보리를 얻으시며 모든 부처님이 이 곳에서 법륜을 전하시며 모든 부처님이 이 곳에서 열반에 드심이니라. 〈여래신력품〉

是法難聞[84) 이 법은 듣기 어렵다

億劫不思議 억겁부사의
是經得聞難 시경득문난

억천 부사의한 세월 속에서도
이 경은 듣기 어렵다. 〈法華經 常不輕菩薩品〉

是法不可示 시법불가시

是法不可示 시법불가시
言辭相寂滅 언사상적멸
諸餘衆生類 제여중생류
無有能得解 무유능득해

이런법은 보일 수 없고 말로도 못하거늘 하물며 중생들이
누가알고 이해하랴 〈법화경 서품〉

---

84) 눈먼 거북이가 끝없는 바다에서 구멍 뚫린 나무를 만나듯 하늘에서 바늘을 던져 겨자씨를 꿰는 것보다 더 어렵다 하였다.

是法華經 시법화경

是法華經　於無量國中 시법화경 어무량국중
乃至名字　不可得聞 내지명자 불가득문
何況得見　受持讀誦 하황득견 수지독송

이 법화경은 한량없는 나라에서 다만 이름만이라도 얻어 듣지 못하거늘 어찌 하물며 얻어 보고 받아 가지고 읽고 외움이랴. 〈안락행품〉

是菩薩中 시보살중

是菩薩中　有四導師 시보살중 유사도사
一名上行　二名無邊行 일명상행 이명무변행
三名淨行　四名安立行 삼명정행 사명안립행
是四菩薩　於其衆中 시사보살 어기중중
最爲上首　唱導之師 최위상수 창도지사

이 보살 대중 가운데 四도사(導師)가 있으니 첫째 이름은 상행(上行)이요, 둘째 이름은 무변행(無邊行)이요, 셋째 이름은 정행(淨行)이요, 넷째 이름은 안립행(安立行)이라. 이 四보살이 그 대중 가운데에서 가장 상수(上首) 창도(唱導)의 스승이라. 〈종지용출품〉

時佛說大乘 시불설대승

時佛說大乘 시불설대승
經名無量義 경명무량의
於諸大衆中 어제대중중
而爲廣分別 이위광분별
佛說此經已 불설차경이
卽於法座上 즉어법좌상
跏趺坐三昧 가부좌삼매
名無量義處 명무량의처
天雨曼陀華 천우만다화
天鼓自然鳴 천고자연명
諸天龍鬼神 제천용귀신
供養人中尊 공양인중존
一切諸佛土 일체제불토
卽時大震動 즉시대진동
佛放眉間光 불방미간광
現諸希有事 현제희유사

그부처님 설법하니 경이름은 무량의라 여러사람 위하시어 분별하여 설하셨네 부처님이 경설한후 법좌위에 올라앉아 깊은삼매 드시오니 그이름은 무량의처 하늘에서 꽃비오고 하늘북이 절로울려 여러천룡 귀신들이 부처님께 공양하고 일체모든 불국토는 육종으로 진동하며 부처님은 광명놓아 많은기적 보이셨네 〈법화경 서품〉

是比丘臨 시비구임

是比丘臨欲終時 法華經
二十千萬億偈悉能受持 清淨

시비구임욕종시 법화경
이십천만억게실능수지 청정

이 비구가 장차 임종할 때……「법화경」 이십천만억의 게송을 듣고 다 능히 받아 가지고……청정함을 얻음이라.

時貧窮子 시빈궁자

時貧窮子　遊諸聚落 시빈궁자 유제취락
經歷國邑 경력국읍
遂到其父所止之城 수도기부소지지성

이때, 빈궁한 아들은 여러 촌락을 방황하며 여러 나라 성중을 거쳐 마침내 그 아버지가 머물고 있는 성중에 이르렀다.

是善男子 시선남자

是善男子善女人 시선남자선여인
父母所生淸淨肉眼見 부모소생청정육안견
於三千大千世界 어삼천대천세계
內外所有山林河海 내외소유산림하해

下至阿鼻地獄上至有頂 하지아비지옥상지유정

이 선남자 선여인은 부모소생의 청정한 육안으로 삼천대천세계 내외에 있는 산림, 하천, 바다를 보되, 아래로는 아비지옥에 이르고 위로는 유정천까지 이름이다.

是時日月 시시일월

是時日月燈明佛 시시일월등명불
從三昧起 종삼매기
因妙光菩薩 인묘광보살
說大乘經 설대승경
名妙法蓮華 명묘법연화
教菩薩法佛所護念 교보살법불소호념

이때, 일월등명 부처님께서 삼매로부터 일어나시어 묘광보살을 인연하여 대승경을 설하시니 이름이 묘법연화경이라, 보살을 가르치는 법이며 모든 부처님께서 보호하고 생각하시는 경이니라. 〈법화경 서품〉

時諸菩薩 시제보살

時諸菩薩敬順佛意 시제보살경순불의
幷欲自滿本願 병욕자만본원
便於佛前作師子吼 편어불전작사자후
而發誓言 이발서언

이때, 모든 보살이 부처님의 뜻을 공경하고 순종하며 아울러 스스로 본원을 이루고자 곧 부처님 앞에서 사자후하여 맹세를 하고……

是諸菩薩 시제보살

是諸菩薩從地出已
各詣虛空七寶妙塔多寶如來釋迦牟尼佛所
到已

시제보살종지출이
각예허공칠보묘탑다보여래석가모니불소
도이

이 모든 보살들이 땅에서 솟아나와 허공의 칠보묘탑에 나란히 앉아 있는 석가모니불과 다보여래의 처소로 가서……

是諸人等 시제인등

是諸人等　已曾供養　시제인등 이증공양
十萬億佛　於諸佛所　십만억불 어제불소
成就大願　愍衆生故　성취대원 민중생고
生此人間　　생차인간

이 모든 사람들은 이미 일찍이 十만억의 부처님을 공양하고 모든 부처님 처소에서 대원을 성취하고 중생을 불쌍히 생각하는 연고로 이 인간에 남이니라.

〈법사품〉

是諸人等 시제인등

是諸人等聞已隨喜　시제인등문이수희
復行轉敎　부행전교
餘人聞已亦隨喜轉敎　여인문이역수희전교
如是展轉至第五十　여시전전지제오십

이 모든 사람들이 다 듣고 따라 기뻐하며 다시 가서 전교하면 다른 사람들이 다 듣고 또한 따라 기뻐하여 전교하되, 이와 같이 전전해서 오십 명째의 이름이다.

是諸衆生 시제중생

是諸衆生　聞是法已　시제중생 문시법이
現世安穩　後生善處　현세안온 후생선처
以道受樂　이도수락

모든 중생이 이 법문을 들으면 현세에서 편안하고 후생에는 좋은 곳에 나 도(道)로써 낙을 받는다.

〈약초유품〉

是千二百 시천이백

是千二百阿羅漢　시천이백아라한
我今當現前次第與授　아금당현전차제여수
阿耨多羅三藐三菩提記　아뇩다라삼먁삼보리기

이 일천이백 아라한에게 내가 지금 마땅히 앞에서 차례로 아뇩다라삼먁삼보리의 수기를 주리라.

是好良藥 시호양약

是好良藥　今留在此 시호양약 금류재차
汝可取服　勿憂不差 여가취복 물우불차

이 좋은 약을 지금 여기 남겨두니 너희는 반드시 먹되 차도가 없을까 근심하지 말라. 〈여래수량품〉

植諸德本 식제덕본

植諸德本 식제덕본

모든 덕본을 심음

身心不動 신심부동

身心不動一心觀佛 신심부동일심관불

몸과 마음을 움직이지 않고 일심으로 부처님을 관하여라.

身心寂不動 신심적부동

身心寂不動 신심적부동
以求無上道 이구무상도

몸과 마음이 고요하여 동하지 않음으로써 무상도를 구한다. 〈서품〉

信行一相[85] 신행일상

一念三千　三諦圓融 일념삼천 삼제원융
卽身成佛　信行一相 즉신성불 신행일상

한 생각에 3천대천세계가 다 들어있고
공 · 가 · 중 3제가 원융하니
이 몸으로 바로 성불하여
믿음과 행이 한결같이 이루어진다. 〈妙法綱領文〉

實相妙法[86] 실상묘법

實相妙法 실상묘법
巧喩蓮華 교유연화
內則直指乎一心 내즉직지호일심

85) 믿음과 행은 일치해야 한다. 한 생각 속에 3천대천세계가 다 들어있고 공 · 가 · 중의 3제를 원융하게 신행하면 바로 이 몸으로 부처가 된다.
86) 중국 온릉 개원연사 비구 계환스님이 법화경소를 쓰면서 이렇게 말했다. 다음 네 구절의 실상법문도 모두 계환스님의 말씀이다.

外則該通於萬境 외즉해통어만경

실상묘법을 교묘하게 연꽃에 비유하니
안으로는 바로 일심을 가리키고,
밖으로는 만 가지 경계에 다 통하는 진리를 가리켰다.
〈溫陵 開元蓮寺 比丘 戒環〉

一. 一心實相 (1) 일심의 실상

生佛本有　淪變靡殊 생불본유 윤변미수

중생과 부처가 똑같이 가지고 있어
천만 번 변하더라도 변치 않는 것이 이것이다.
〈溫陵 開元蓮寺 比丘 戒環〉

二. 蓮之實相 (2) 연의 실상

方花卽果　處染常淨 방화즉과 처염상정

꽃 속에 열매가 들어있고
물 속에 있으나 항상 깨끗하다. 〈戒環〉

三. 境之實相 (3) 경계의 실상

其狀虛假　其精甚實 기상허가 기정심실

그 모습은 인연 따라 이루어져

비고 거짓된 것 같으나
그 정신은 깊고 깊어
진실 아님이 없다. 〈戒環〉

四. 觸事而眞 (4) 일 속에 진리가 들어있다

心境萬類　通謂之法 심경만유 통위지법
精粗一歸　凡聖同源 정조일귀 범성동원

마음과 경계 만 가지는
모두 한 가지 법을 이른 것이니
정미롭고 거친 것이 하나에 돌아가고
범부와 성현의 뿌리가 같다. 〈戒環〉

心實曰誠 심실왈성

心實曰誠　言當曰諦 심실왈성 언당왈체

마음은 진실로 정성을 하다고
말은 마땅히 잘 살펴서 해야 한다.

甚深法[87] 깊은 지혜 깊은 법

親近諸佛　所學之深 친근제불 소학지심
無量道行　所造之深 무량도행 소조지심

---

87) 깊은 법을 체험하는 여섯 가지 방법

湧猛精進　建志之深 용맹정진 건지지심
名稱普聞　積德之深 명칭보문 적덕지심
成就深法　所證之深 성취심법 소증지심
隨意所說　方便之深 수의소설 방편지심

부처님을 친근하면 배움이 깊고
한량없이 도를 닦으면 지은 바가 깊고
용맹정진하면 뜻을 세우는 것이 깊고
이름이 널리 들리면 덕을 쌓은 것이 깊고
깊은 법을 성취하면 깨달은 바가 깊고
뜻을 따라 설하면 방편이 깊어진다. 〈法華疏〉

深心念佛 심심염불

深心念佛修持淨戒 심심염불수지정계

자기 본성품이 부처임을 깊이 생각하고
맑고 깨끗한 계를 닦아 지녀야 한다.

深心志固 심심지고

深心志固淸淨 심심지고청정
智明質直無僞 지명질직무위
多聞博識摠持 다문박식총지
貫通隨義不滯 관통수의불체

깊은 마음은 뜻을 견고히 한 것이고 청정하다는 것은

지혜가 밝음이며 본바탕이 곧음은 거짓이 없는 것이요
많이 듣는다는 것은 넓게 아는 것이고 능히 다 가짐은
꿰뚫어 통함이며 뜻을 따름에 막힘이 없는 것이다.

心淨踊躍 심정용약

心淨踊躍 심정용약

마음은 깨끗하여 뛸 듯이 기뻐하다.

十力[88] 십력

處非處智力 처비처지력
業異熟智力 업이숙지력
靜慮解脫等持等至智力 정려해탈등지등지지력
根上下智力 근상하지력
種種勝解智力 종종승해지력
種種界智力 종종계지력
遍趣行智力 편취행지력
宿住隨念智力 숙주수념지력
死生智力 사생지력
漏盡智力 누진지력

자리에 맞고 맞지 않는 것을 분별하는 힘을 가지고 있고
하나의 업인과 과보와의 관계를 여실히 알고

88) 부처님만이 가질 수 있는 에너지 열 가지. 누구나 이대로만 되면 10력을 얻을 수 있다.

4선 8해탈 8등지의 선정을 알고
중생 근기의 상하를 알며
중생의 갖가지 희망을 알고
중생과 모든 법의 본성을 알고
중생들이 여러 곳(생사 · 열반)으로 나아가는 것을 알고
자타의 과거세 일을 알고
죽고 태어나는 곳을 알며
번뇌를 다 했는지 안다. 〈法華經 方便品〉

十力偈 십력게

一念普觀無量劫 일념보관무량겁
無去無來亦無住 무거무래역무주
如是了知三世事 여시요지삼세사
超諸方便成十力 초제방편성십력

한 생각 속에서 무량겁을 보니
가는 것도 없고, 오는 것도 없고, 또한 머묾도 없다.
이렇게 3세의 일을 알면
모든 방편을 초월, 10력(부처)을 이루리라. 〈釋門儀範〉

十方佛土中 시방불토중

十方佛土中 시방불토중
唯有一乘法 유유일승법
無二亦無三 무이역무삼
除佛方便說 제불방편설

시방불토에는 오직 일승법만이 있고 이승도 없고 또한 삼승도 없느니라. 부처님이 방편으로 설한 것은 제하노라. 〈방편품〉

十方諦求 시방체구

十方諦求　更無餘乘 시방체구 갱무여승

시방세계를 두루 찾아 구할지라도 다시 다른 법은 없으리니. 〈비유품〉

十如是[89] 십여시

如是相　如是性 여시상 여시성
如是體　如是力 여시체 여시력
如是作　如是因 여시작 여시인
如是緣　如是果 여시연 여시과
如是報 여시보
如是本末究竟 여시본말구경

보이는 것은 상이고 상의 근본은 성이며
형체에 갖추어져 있는 것은 몸이고
작용의 힘은 역이며
잠깐 일어났다 꺼지는 것이 작(作)이다.
모든 것은 씨앗(因)에서 비롯되어

89) 여시는 공감대이다. 상 · 성 · 체 · 력 · 작용을 알려면 인 · 연 · 과 · 보를 보고 자세하게 살펴보라. 처음과 끝이 꼭 맞을 것이다.

조인(助因)의 힘(緣)으로 과(果)를 성숙하여
과보를 받나니
시종이 여일한 것이 본말구경(本末究竟)이다.

〈法華經 方便品〉

十二部[90] 12부

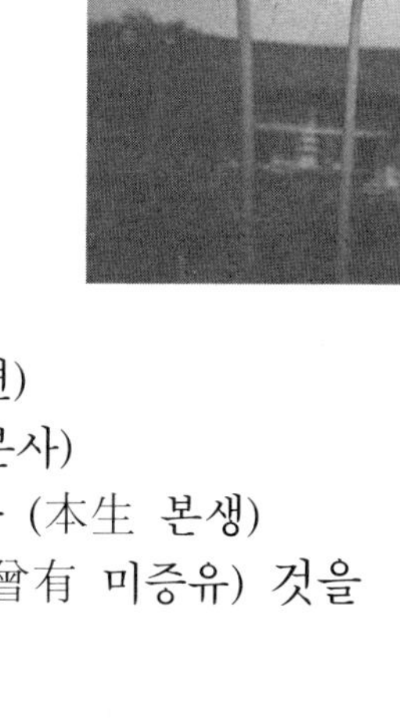

契經應頌孤起頌 계경응송고기송
因緣本生本世事 인연본생본세사
譬喩論議未曾有 비유논의미증유
自說方廣與授記 자설방광여수기

근기 따라 설해진 경(經 경)
산문 따라 지어진 송(重頌 중송)
생각 따라 부른 노래(諷頌 풍송)
만난 인연 소중히 여기고 (因緣 인연)
자기 본래의 사건을 드러내 (本事 본사)
무슨 인연으로 태어났는가를 설한다 (本生 본생)
일찍이 보지도 들어보지도 못한(未曾有 미증유) 것을
비유로써 설명하여 (譬喩 비유)
옳고 그름을 논하고 (論議 논의)
홀로 스스로 말하며 (自說 자설)
넓고 넓은 세계 (方廣 방광)
예언하여 가르쳤다 (授記 수기)

〈법화경 방편품〉

---

90) 경 · 율 · 론 3장의 구성 문제와 내용.

十八大菩薩 십팔대보살

文殊師利菩薩 · 觀世音菩薩 문수사리보살 · 관세음보살
得大勢菩薩 · 常精進菩薩 득대세보살 · 상정진보살
不休息菩薩 · 寶掌菩薩 불휴식보살 · 보장보살
藥王菩薩 · 勇施菩薩 약왕보살 · 용시보살
寶月菩薩 · 月光菩薩 보월보살 · 월광보살
滿月菩薩 · 大力菩薩 만월보살 · 대력보살
無量力菩薩 · 越三界菩薩 무량력보살 · 월삼계보살
跋陀婆羅菩薩 · 彌勒菩薩 발타바라보살 · 미륵보살
寶積菩薩 · 導師菩薩 보적보살 · 도사보살

지혜와 복덕이 뛰어난 문수사리보살
원통제일 관세음보살
위대한 세력을 가진 득대세보살
견고한 의지를 가진 상정진보살
휴식없이 정진하는 불휴식보살
묘법으로 고통을 구해주는 보장보살
근기따라 약을 주는 약왕보살
아낌없이 베풀어주는 용시보살
깨달음이 밝고 맑은 보월보살
미혹을 없애주는 월광보살
영원한 광명의 빛 만월보살
위대한 능력을 가진 대력보살
한량없는 힘을 가진 무량력보살
몸과 뜻을 나타내지 않는 월삼계보살
바르게 보고 훌륭하게 지키는 발타바라보살
사랑으로 중생을 구제하는 미륵보살
지혜로써 중생을 이롭게 하는 보적보살
그릇된 사람을 바르게 인도하는 도사보살 〈法華經 序品〉

我見釋迦 아견석가

我見釋迦如來　　　아견석가여래
於無量劫　難行苦行　어무량겁 난행고행
積功累德　求菩薩道　적공루덕 구보살도
未曾止息　　　미증지식
觀三千大千世界　　　관삼천대천세계
乃至無有如芥子許　　　내지무유여개자허
非是捨身命處　　　비시사신명처
爲衆生故　　　위중생고

내가 석가여래를 뵈오니 한량 없는 겁에 어려운 일을 행하시어 공을 쌓으시고 덕을 쌓아서 보살도를 구하시되 일찍이 그침이 없음이라. 三千대천세계를 볼 때 다만 겨자씨만한 땅일지라도 이 보살이 신명을 버리지 아니한 곳이 없음이라. 중생을 위하는 고로. 〈제바품〉

我觀一切 아관일체

我觀一切　普皆平等　아관일체 보개평등
無有彼此　愛憎之心　무유피차 애증지심

나는 일체를 관하되 널리 다 평등하여서 너라 하는 마음, 나라 하는 마음, 사랑하는 마음, 미워하는 마음이 없다. 〈약초유품〉

我今乃知 아금내지

我今乃知　實是菩薩
得授阿耨多羅三藐三菩提記

아금내지 실시보살
득수아뇩다라삼먁삼보리기

우리가 이제서야 아오니 실은 보살로서 아뇩다라삼먁삼
보리의 수기를 받을 수 있겠나이다.

〈五百제자수기품〉

我今依大 아금의대

我今依大乘經　아금의대승경
甚深妙義　歸依佛　심심묘의 귀의불
歸依法　歸依僧　귀의법 귀의승

나는 지금 대승경전의 심히 깊고도 묘한 뜻에 의하여
부처님께 귀의하나이다. 법에 귀의하나이다.
스님께 귀의하나이다. 〈관보현보살행법경〉

我今以神 아금이신

我今以神通力故　아금이신통력고
守護是經　於如來滅後　수호시경 어여래멸후
閻浮提內　廣令流布　염부제내 광령유포

使不斷絶　　　　　　사부단절

내가 지금 신통력으로써 이 경을 수호하겠나이다. 여래께서 멸도하신 후 사바세계에서 널리 유포되게 하여 끊어지지 않도록 하오리다. 〈보현보살권발품〉

我今此衆 아금차중

我今此衆無復枝葉　　아금차중무부지엽
純有貞實　舍利弗　　순유정실 사리불
如是增上慢人　　여시증상만인
退亦佳矣　汝今善聽　퇴역가의 여금선청
當爲汝說　　당위여설

지금 여기 내 앞에 남아 있는 사람들은 가지나 잎은 없고 오직 순수한 열매만 남아 있느니라. 사리불아, 그와 같이 거만하고 교만한 사람들은 물러감도 오히려 좋으리라. 너는 지금 자세히 들으라. 진실로 너를 위하여 설하리라. 〈법화경 서품〉

阿難 아난

阿難　是諸等
當供養五十世界微塵數諸佛如來
末後同時　於十方國各得成佛

아난 시제등

당공양오십세계미진수제불여래
말후동시 어시방국각득성불

아난아, 이 모든 사람들은 마땅히 오십세계미진수의 제불여래를 공양하고…… 나중에 시방국토에서 각각 성불하리라.

阿難常樂 아난상락

阿難常樂多聞　我常勤精進
是故我已得成阿耨多羅三藐三菩提

아난상락다문 아상근정진
시고아이득성아뇩다라삼먁삼보리

아난은 항상 많이 듣기를 즐거워하고 나는 항상 부지런히 정진한 까닭에 아뇩다라삼먁삼보리를 얻었노라.

我念過去世 아념과거세

我念過去世 아념과거세
無量無數劫 무량무수겁
有佛人中尊 유불인중존
號日月燈明 호일월등명
世尊演說法 세존연설법
度無量衆生 도무량중생
無數億菩薩 무수억보살
令入佛智慧 영입불지혜

내가지금 생각하니 한량없는 과거세에 부처님이 계셨으니 그이름이 일월등명 이부처님 설법하여 무량중생 제도하고 많고많은 여러보살 부처지혜 들게했네 〈법화경 서품〉

我得 아득

我得阿耨多羅三藐三菩提時
隨在何地　以神通力
智慧力　引之會得　住是法中

아득아뇩다라삼먁삼보리시
수재하지 이신통력
지혜력 인지회득 주시법중

내가 아뇩다라삼먁삼보리를 얻었을 때 비록 어떤 곳에 있을지라도 따라서 신통력과 지혜력으로써 이를 이끌어 이 법 가운데 머무르게 하리라. 〈안락행품〉

我等居僧 아등거승

我等居僧之首　아등거승지수
年竝朽邁　自謂已得　연병후매 자위이득
涅槃　無所堪任　열반 무소감임
不復進求　불부진구
阿耨多羅三藐三菩提　아뇩다라삼먁삼보리

우리들은 대중 가운데의 상수(上首)의 제자로서 또 나이 늙고 오래 되어 이미 스스로 열반을 얻었다 하고 더 할

바가 없다 생각하여 다시 나아가 아뇩다라삼먁삼보리를 구하지 아니하였나이다. 〈신해품〉

我等今於 아등금어

我等今於佛前
聞授聲聞阿耨多羅三藐三菩提記
心甚歡喜 得未曾有 不謂於今
忽然得聞 希有之法 深自慶幸
獲大善利 無量珍寶 不求自得

아등금어불전
문수성문아뇩다라삼먁삼보리기
심심환희 득미증유 불위어금
홀연득문 희유지법 심자경행
획대선리 무량진보 불구자득

우리들이 지금 부처님 앞에서 성문에게 아뇩다라삼먁삼보리의 수기 주심을 보고 마음이 심히 즐거워 미증유를 얻었나이다. 생각지도 아니하였거만 지금 홀연히 희유의 법을 얻어 듣고 스스로 깊이 경하하옵나이다. 대선리(大善利)를 얻었음이니, 한량없는 진기한 보배를 구하지 아니하였사오나 스스로 얻었나이다. 〈신해품〉

我等從佛 아등종불

我等從佛 아등종불
得涅槃一日之價 득열반일일지가

以爲大得　於此大乘 이위대득　어차대승
無有志求　　　　　무유지구

우리들이 부처님을 좇아 열반의 하루의 값을 얻고서는 이를 크게 얻었다 하고 이 대승법을 구할 뜻이 없었나이다. 〈신해품〉

我等疲極 아등피극

我等疲極而復怖畏 아등피극이부포외
不能復進前路猶遠 불능부진전로유원
今欲退還　　　　금욕퇴환

우리들은 매우 피곤하며, 겁이 나고 두려워서 더 이상 전진할 수 없습니다. 남은 길은 아직도 멀기 때문에 지금 돌아가고자 합니다.

阿羅漢[91] 아라한

諸漏已盡　無復煩惱 제루이진 무부번뇌
逮得已利　盡諸有結 체득이리 진제유결
心得自在　　　　　심득자재

모든 망상 더러움을 다하고 다시는 번뇌가 없으며
깊은 진리를 얻어 모든 미혹된 습성을 버리고
마음의 자재를 얻은 사람이다. 〈法華經 序品〉

91) 아라한은 聲聞四果의 하나로 다시는 생을 받지 않게 된 경계이다. 그러므로 그 몸을 「최후신」이라 부르기도 한다.

我滅度後 아멸도후

我滅度後 아멸도후
能竊爲一人說法華經 능절위일인설법화경
乃至一句　當知是人 내지일구 당지시인
則如來使　如來所遣 즉여래편 여래소견
行如來事 행여래사
何況於大衆中 하황어대중중
廣爲人說 광위인설

내가 멸도한 후에 은밀히 한 사람을 위해서라도 능히 법화경의 다만 한 구절을 설하면 마땅히 알라, 이 사람은 곧 여래의 사도(使徒)라. 여래가 보낸 바로서 여래의 일을 행함이니, 어찌 하물며 대중 가운데서 널리 사람을 위하여 설함이랴. 〈법사품〉

我滅度後 아멸도후

我滅度後　後五百歲中 아멸도후 후오백세중
廣宣流布　於閻浮提 광선유포 어염부제
無令斷絶 무령단절

내가 멸도한 후 후五百세중 사바세계에서 널리 선포하고 유포해서 끊어짐이 없게 하라. 〈약왕보살품〉

我本立誓願 아본입서고

我本立誓願 아본입서고
欲令一切衆 욕령일체중
如我等無異 여아등무이
如我昔所願 여아석소고
今者已滿足 금자이만족
化一切衆生 화일체중생
皆令入佛道 개령입불도

내가 본래 세운 서원이 일체 중생으로 하여금 나와 같이 평등하여 다름이 없게 하려 함이라.
내가 옛적에 소원한 바와 같이 이미 이제는 만족함이니, 일체 중생을 교화하여 다 불도에 들게 함이라. 〈방편품〉

我不敢輕 아불감경

我不敢輕於汝等 아불감경어여등
汝等皆當作佛 여등개당작불

나는 너희들을 감히 가벼이 여기지 않나니, 너희들은 다 마땅히 성불하리라.

我不輕汝 아불경여

我不輕汝汝等行道 아불경여여등행도
皆當作佛 개당작불

나는 너희들을 업신여기지 않노라. 너희들이 도를 행하면 다 마땅히 성불할 것이기 때문이다.

我不愛身命 아불애신명

我不愛身命 아불애신명
但惜無上道 단석무상도

우리는 신명을 사랑하지 아니하고 다만 무상도를 아끼오리다. 〈지품〉

我常遊諸國 아상유제국

我常遊諸國 아상유제국
未曾見是事 미증견시사
我於此衆中 아어차중중
乃不識一人 내불식일인

내가 항상 모든 나라를 다녔사오나 일찍이 이런 일은 보지 못하였으며, 나는 이 대중 가운데서 한 사람도 알지 못하나이다. 〈종지용출품〉

我常在此 아상재차

我常在此　娑婆世界 아상재차　사바세계
說法敎化　亦於餘處 설법교화　역어여처
百千萬億　那由他 백천만억　나유타
我僧祇國　導利衆生 아승지국　도리중생

나는 항상 이 사바세계에 있어 법을 설하여 교화함이니라. 또 다른 곳 百千만억 나유타 아승지의 나라에서도 중생을 인도하여 이익케 함이니라. 〈여래수량품〉

我常住於此 아상주어차

我常住於此 아상주어차
以諸神通力 이제신통력
令顚倒衆生 영전도중생
雖近而不見 수근이불견

내가 항상 이에 머물러 있어 모든 신통력으로써 전도된 중생으로 하여금 비록 가깝게 하나 보이지 않게 하노라.
〈수량품〉

我常知衆生 아상지중생

我常知衆生 아상지중생
行道不行道 행도불행도

隨所應可度 수소응가도
爲說種種法 위설종종법

나는 항상 중생이 도를 행하고 도를 행하지 아니함을 알아서 제도될 바를 따라 여러 가지 법을 설함이니라.

我昔欲令 아석욕령

我昔欲令 汝得安樂 아석욕령 여득안락
五欲自恣 於某年日月 오욕자자 어모년일월
以無價寶珠 이무가보주
繫汝衣裏 今故現在 계여의리 금고현재
而汝不知 勤苦憂惱 이여부지 근고우뇌
以求自活 甚爲癡也 이구자활 심위치야

내가 옛적에 너로 하여금 안락을 얻고 오욕을 마음껏 하게 하고자, 아무 해 아무 달 아무 날에 값을 헤아릴 수 없는 보배구슬을 너의 옷 속에 매어 주었으니 아직도 현재 있으리라. 너는 그것을 알지 못하고 부지런히 고생과 근심으로 괴로워하며 스스로 생활을 구하였으니 심히 어리석도다 〈五百제자수기품〉

我先道場 아선도량

我先道場 아선도량
菩提樹下六年 보리수하육년

得阿耨多羅三藐三菩提 득아뇩다라삼먁삼보리

내가 일찍이 도량 보리수 밑에 앉아서 六년만에 아뇩다라삼먁삼보리를 이룩하여 얻었느니라. 〈무량의경〉

我先不言 아선불언

我先不言　諸佛世尊 아선불언 제불세존
以種種因緣 이종종인연
譬諭言辭　方便說法 비유언사 방편설법
皆爲阿耨多羅 개위아뇩다라
三藐三菩提 삼먁삼보리

모든 부처님 세존께서 가지가지의 인연과 비유의 말씀과 방편을 가지고 법을 설하심이 다 아뇩다라삼먁삼보리를 위함이라고 내가 전에 말하지 않았더냐. 〈비유품〉

我所說經典 아소설경전

我所說經典 아소설경전
無量千萬億 무량천만억
已說　今說　當說 이설 금설 당설
而於其中　此法華經 이어기중 차법화경
最爲難信難解 최위난신난해

내가 설한 경전이 한량 없어 천만억이니 이미 설하였고

지금 설하며 앞으로도 설하리라. 그러나 그 중에서 이 법화경이 가장 믿기 어렵고 알기 어려움이니라. 〈법사품〉

我所說諸經 아소설제경

我所說諸經 아소설제경
而於此經中 이어차경중
法華最第一 법화최제일

내가 설한 모든 경전 가운데 이 법화경이 제일이니라.

我雖以神 아수이신

我雖以神力供養於佛 아수이신력공양어불
不如以身供養 불여이신공양

내가 비록 신통력으로 부처님께 공양하였으나 몸으로써 공양함만 같지 못하리라.

我是世尊使 아시세존사

我是世尊使 아시세존사
處衆無所畏 처중무소외
我當善說法 아당선설법
願佛安穩住 원불안온주

나는 여래의 사도라. 대중에 처하매 두려울 바가 없이 내가 마땅히 법을 잘 설하오리니, 원컨대 부처님께서는 편안히 머무르소서.

我時語衆生 아시어중생

我時語衆生 아시어중생
常在此不滅 상재차불멸
以方便力故 이방편력고
現有滅不滅 현유멸불멸

이 때 내가 중생에게 말하되 항상 여기에 있어 멸하지 아니하건만 방편력을 쓰는 고로 멸(滅)과 불멸(不滅)이 있음을 나타내노라. 〈여래수량품〉

我是如來 아시여래

我是如來 應供 아시여래 응공
正徧知 明行足 정변지 명행족
善逝 世間解 선서 세간해
無上士 調御丈夫 무상사 조어장부
天人師 佛世尊 천인사 불세존

나는 곧 여래 응공 정변지 명행족 선서 세간해 무상사 조어장부 천인사 불세존이라. 〈약초유품〉

我是如來 아시여래

我是如來　兩足之尊 아시여래 양족지존
出于世間　猶如大雲 출우세간 유여대운
充潤一切　枯槁衆生 충윤일체 고고중생
皆令離苦　得安穩樂 개령난고 득안온락
世間之樂　及涅槃樂 세간지락 급열반락

나는 여래 양족존(兩足尊)이라 세간에 출현함이 마치 큰 구름과 같아서 메마른 일체 중생을 충족케 하며 윤택케 하고 모든 괴로움을 여의게 하며 안온함과 세간락과 열반락을 얻게 하노라.

〈약초유품〉

我是一切 아시일체

我是一切智者　　아시일체지자
一切見者　知道者 일체견자 지도자
開道者　說道者　　개도자 설도자

나는 이 일체를 아는 자이며 일체를 보는 자이며 도를 아는 자이며 도를 여는 자이며 도를 설하는 자이니라.

〈약초유품〉

我深敬汝等 아심경여등

我深敬汝等　不敢輕慢 아심경여등 불감경만

所以者何　　　　소이자하
汝等皆行菩薩道　　　　여등개행보살도
當得作佛　　　　당득작불

나는 깊이 너희들을 공경하노라. 감히 가볍게 하거나 업신여기지 아니하노라. 어찌하여 그러한고, 너희들은 다 보살도를 행하여 마땅히 성불하리라. 〈상불경보살품〉

我於無量 아어무량

我於無量百千萬億　　　　아어무량백천만억
阿僧祇劫　修習是難得　　　　아승지겁 수습시난득
阿耨多羅三藐三菩提法　　　　아뇩다라삼먁삼보리법
今以付囑　　　　금이부촉
汝等當受持讀誦廣宣此法　　　　여등당수지독송광선차법
令一切衆生　普得聞知　　　　영일체중생 보득문지

내가 한량 없는 百千만억 아승지겁에 이 얻기 어려운 아뇩다라삼먁삼보리의 법을 닦고 익혔노라. 지금 너희들에게 부촉하노니 너희들은 마땅히 받아 가지고 읽고 외워서 널리 이 법을 선포해서 일체 중생으로 하여금 듣게 할 것이며 알도록 할지니라. 〈촉루품〉

我爲佛道 아위불도

我爲佛道　於無量土 아위불도 어무량토
從始至今　廣說諸經 종시지금 광설제경
而於其中　此經第一 이어기중 차경제일
若有能持　則持佛身 약유능지 즉지불신

내가 불도를 위하여 한량없는 국토에서 처음부터 지금까지 널리 모든 경을 설하였으나 그러나 그 중에서 이 경이 제일이니라. 만일 능히 가지는 자는 곧 부처님의 몸을 가짐이니라. 〈견보탑품〉

我以佛法 아이불법

我以佛法 아이불법
囑累於汝 촉루어여
我滅度後所有舍利 아멸도후소유사리
亦付囑汝 역부촉여
當令流布廣說供養 당령유포광설공양
應起若干千塔 응기약간천탑

내가 부처님의 법으로써 너에게 촉루한다…… 내가 멸도한 후에 있을 사리도 또한 너에게 부촉하노니. 마땅히 유포해서 널리 공양할 수 있도록 수천 개의 탑을 세울지니라.

我以佛眼 아이불안

我以佛眼　見是迦葉 아이불안 견시가섭
於未來世　過無數劫 어미래세 과무수겁
當得作佛 당득작불

내가 부처의 눈으로 가섭을 보니 미래세 무수한 겁을 지나 마땅히 성불하리라.

阿逸多 아일다

阿逸多 아일다
我說是如來壽命長遠時 아설시여래수명장원시
六百八十萬億那由他 육백팔십만억나유타
恒河沙衆生 항하사중생
得無生法忍 득무생법인

아일다야, 내가 여래의 수명이 장원함을 설할 때, 육백팔십만억 나유타 항하사의 중생이 무생법인을 얻었다.

阿逸多 아일다

阿逸多　其有衆生 아일다 기유중생
聞佛壽命長遠如是 문불수명장원여시
乃至能生一念信解 내지능생일념신해

所得功德無有限量 소득공덕무유한량

아일다야, 어떤 중생이 부처님의 수명장원함이 이와 같음을 듣고 능히 일념으로 믿고 해석하는 마음이 생기면 얻는 공덕은 한량이 없음이라.

我知此衆生 아지차중생

我知此衆生 아지차중생
未曾修善本 미증수선본
堅著於五欲 견착어오욕
癡愛故生惱 치애고생뇌
以諸欲因緣 이제욕인연
墜墮三惡道 추타삼악도
輪廻六趣中 윤회육취중
備受諸苦毒 비수제보독
受胎之微形 수태지미형
世世常增長 세세상증장
薄德少福人 박덕소복인
衆苦所逼迫 중고소핍박
入邪見稠林 입사견조림
若有若無等 약유약무등
依止此諸見 의지차제견
具足六十二 구족육십이
深著虛妄法 심착허망법

堅受不可捨 견수불가사
我慢自矜高 아만자긍고
諂曲心不實 첨곡심불실
於千萬億劫 어천만억겁
不聞佛名字 불문불명자
亦不聞正法 역불문정법
如是人難度 여시인난도
是故舍利弗 시고사리불
我爲設方便 아위설방편
說諸盡苦道 설제진고도
示之以涅槃 시지이열반
我雖說涅槃 아수설열반
是亦非眞滅 시역비진멸
諸法從本來 제법종본래
常自寂滅相 상자적멸상
佛子行道已 불자행도이
來世得作佛 내세득작불

이런중생 일찍부터 착한공덕 닦지않고 오욕에만 애착하여 어리석고 화잘내고 탐욕에만 속박되어 삼악도에 떨어지니 여섯갈래 헤매면서 모진고통 다받는다 탯속에서 받는몸이 날때마다 죄만지어 생사윤회 끝없으며 덕도없고 복도없어 고통속에 시달리며 나쁜소견 마음가득 혹은있다 혹은없다 삿된견해 점점늘어 육십이견 외도사견 허망한법 고집하여 버릴줄을 모르나니 아만높고 교만하여 아첨하고 비굴하여 천겁만겁 긴세월에 부처이름 못들으며 정법또한 못들으니 이와같은 사람들을 제도하기 어렵도

다 사리불아 이들위해 방편법을 베풀어서 고통끊는 길을 말해 마음평화 이뤘으나 이건소승 멸제일뿐 참열반은 아니니라 모든법은 본래부터 그자성이 고요하여 불자들이 도닦으면 오는세상 부처된다 〈법화경 서품〉

我此弟子 아차제자

我此弟子　大目犍連 아차제자 대목건련
捨是身已　得見八千 사시신이 득견팔천
二百萬億　諸佛世尊 이백만억 제불세존

나의 제자 목건련은 이 몸을 버린 후 팔천이백만억의 모든 부처님을 친견하고……

我此土安穩 아차토안온

我此土安穩 아차토안온
天人常充滿 천인상충만

나의 이 땅은 안온하고 천인이 항상 가득참이라.

我獻寶珠 아헌보주

我獻寶珠世尊納受 아헌보주세존납수
是事疾不 시사질불
以汝神力觀我成佛 이여신력관아성불

復速於此　　　　부속어차

내가 보석구슬을 올리매 세존께서 이를 받아주시니 이 일이 빠르지 아니하뇨…… 그대들은 신통력으로 내가 성불하는 것을 보라, 이보다 더 빠르리라.

安樂法門 안락법문

妙法蓮華　安樂法門　묘법연화 안락법문

묘법연화경은 안락법문이다. 〈梁唐代 僧史〉

安穩衆生 안온중생

安穩衆生　故現於世　안온중생　고현어세
爲大衆說　甘露淨法　위대중설　감로정법
其法一味　解脫涅槃　기법일미　해탈열반

중생을 안락케 하기 위하여 세상에 출현하여 대중을 위해 감로의 맑은 법을 설하노라. 그 법의 맛은 하나로서 해탈·열반이니라.

若見受持 약견수지

若見受持　是經典者　약견수지 시경전자
當起遠迎　當如敬佛　당기원영 당여경불

만일 이 경전을 받아 가지는 자를 보거든 마땅히 일어나 멀리서부터 맞이하되 마땅히 부처님을 공경함과 같이 할지니라. 〈보현보살권발품〉

若見如來 약견여래

若見如來　常在不滅 약견여래 상재불멸
便起憍恣　而懷厭怠 편기교자 이회염태
不能生於　難遭之想 불능생어 난조지상
恭敬之心 공경지심

만일 여래가 항상 있어 멸하지 않음을 보게 되면, 곧 교만한 생각을 일으키어, 싫어지며 게으름을 품어서 만나기 어려운 생각과 공경하는 마음을 내지 아니하리라.
〈여래수량품〉

若聞是深經 약문시심경

若聞是深經 약문시심경
決了聲聞法 결료성문법
是諸經之王 시제경지왕

만일 이 깊은 경을 들으면 성문의 법을 결정해 마치느니라. 이는 모든 경의 왕이니 〈법사품〉

若復見 약부견

若復見　受持是經典者 약부견 수지시경전자
出其過惡　若實若不實 출기과악 약실약부실
此人現世　得白癩病 차인현세 득백라병

또는 이 경전을 받아 가지는 자를 보고서 그의 허물을 내되 혹은 사실이거나 혹은 사실이 아니거나 이 사람은 현세에서 백라(白癩)의 병을 얻으리라.

〈보현보살권발품〉

若不順我呪 약불순아주

若不順我呪 약불순아주
惱亂說法者 뇌란설법자
頭破作七分 두파작칠분
如阿梨樹枝 여아리수지
如殺父母罪 여살부모죄
亦如壓油殃 역여압유앙
斗秤欺誑人 두칭기광인
調達破僧罪 조달파승죄
犯此法師者 범차법사자
當獲如是殃 당획여시앙

만일 나의 주문에 순종하지 않고 설법하는 사람을 괴롭히면 머리를 일곱 조각으로 내되 아리수나무 가지와 같이 하리라. 부모를 죽인 죄와 같이 하며 또는 기름을 짜

는 재앙과 같이 하며 말이나 저울을 가지고 사람을 속이며 조달이 화합승을 파하는 죄와 같이 하리라. 이 법사를 범하는 자는 마땅히 이와 같은 재앙을 얻으리라.

〈다라니품〉

若復有人 약부유인

若復有人 약부유인
以七寶滿三千大千世界 이칠보만삼천대천세계
供養於佛及大菩薩 공양어불급대보살
辟支佛阿羅漢 벽지불아라한
是人所得功德 시인소득공덕
不如受持此法華經 불여수지차법화경
乃至一四句偈 내지일사구게
其福最多 기복최다

만일 다시 어떤 사람이 七보를 三千대천세계에 가득 채워서 부처님과 큰 보살과 벽지불 아라한을 공양하여도 이 사람의 얻은 공덕이 이 법화경의 오로지 한 四구 게송만을 받아 가지는 그 큰 복만 못하리라.

〈약왕보살본사품〉

若復有人 약부유인

若復有人
受持讀誦解說書寫妙法蓮華經

乃至一偈　是諸人等
已曾供養十萬億佛　於諸佛所成就大願

약부유인
수지독송해설서사묘법연화경
내지일게 시제인등
이증공양십만억불 어제불소성취대원

만일 어떤 사람이 묘법연화경의 한 구절을 수지·독송·해설·서사하며…… 이 모든 사람들은 일찍이 십만억의 부처님을 공양하고 모든 부처님의 처소에서 대원을 성취한다.

若復有人 약부유인

若復有人　於講法處坐　약부유인 어강법처좌
更有人來　勸令坐聽　경유인래 권령좌청
轉輪聖王所坐之處　전륜성왕소좌지처

만약 어떤 사람이 법을 강설하는 곳에 앉았다가 또 다른 사람이 오거든 권하여 함께 앉아 듣게 하면…… 전륜성왕의 좌처(앉는 자리)를 얻게 된다.

若父在者 약부재자

若父在者　慈愍我等　약부재자 자민아등
能見救護　今者捨我　능견구호 금자사아
遠喪他國　自惟孤露　원상타국 자유고로
無復恃怙　무부시호

만약 아버지가 계시면 우리들을 사랑하고 불쌍히 생각하시어 능히 구해서 지켜주시련만 지금은 우리를 버리시고 먼 다른 나라에 가셔서 세상을 떠나셨도다. 〈여래수량품〉

若佛在世 약불재세

若佛在世　若滅度後 약불재세 약멸도후
其有誹謗　如斯經典 기유비방 여사경전
見有讀誦　書持經者 견유독송 서지경자
輕賤憎嫉　而懷結恨 경천증질 이회결한
此人罪報 차인죄보
汝今復聽其人命終 여금부청기인명종
入阿鼻獄 입아비옥

혹은 부처님이 세상에 계실 때나 혹은 멸도하신 후에 이 경전을 비방하고 이 경을 읽고 외우고 써서 가지는 사람을 보고 가벼이 하고 천대하고 미워하여 원한을 품으면 이 사람의 죄의 업보를 너는 지금 또 들어라. 그 사람은 명을 마치고 아비지옥에 떨어지리라. 〈비유품〉

若善男子 약선남자

若善男子　善女人
成就四法　於如來滅後
當得是法華經　一者爲諸佛護念
二者植諸衆德本　三者入正定聚

四者發救一切衆生之心

약선남자 선여인
성취사법 어여래멸후
당득시법화경 일자위제불호념
이자식제중덕본 삼자입정정취
사자발구일체중생지심

만일 선남자 선여인이 네 가지의 법을 성취하면 여래가 멸도한 후에 마땅히 이 법화경을 얻으리라.
첫째는 모든 부처님의 호념(護念)하시는 바가 있어야 하며,
둘째는 모든 덕본(德本)을 심고,
셋째는 정정취(正定聚)에 들고,
넷째는 일체 중생을 구원하려는 마음을 일으킬지니라.
〈보현보살권발품〉

若善男子 약선남자

若善男子善女人 약선남자선여인
受持此經(法華經) 수지차경(법화경)
若讀若誦若解說若書寫 약독약송약해설약서사
得千二百耳功德 득천이백이공덕

만일 선남자 선여인이 이 경을 받아가서 혹은 읽고, 혹은 외우며, 혹은 해설하고, 혹은 옮겨 쓰면 천이백 귀의 공덕을 얻으리라.

若善男子 약선남자

若善男子善女人 약선남자선여인
受持是經(法華經) 수지시경(법화경)
若讀若誦若解說若書寫 약독약송약해설약서사
成就八百鼻功德 성취팔백비공덕

만일 선남자 선여인이 이 경을 받아 지녀 혹은 읽고, 외우고, 해설하고, 옮겨 쓰면 팔백 코의 공덕을 성취하리다.

若善男子 약선남자

若善男子善女人 약선남자선여인
受持是經(法華經) 수지시경(법화경)
若讀若誦若解說若書寫 약독약송약해설약서사
得千二百舌功德 득천이백설공덕

만일 선남자 선여인이 이 경을 받아 지녀 혹은 읽고, 외우고, 해설하고, 옮겨 쓰면 천이백의 혀의 공덕을 얻느니라.

若善男子 약선남자

若善男子善女人 약선남자선여인
如來滅後受持是法華經 여래멸후수지시법화경

若讀若誦若解說若書寫 약독약송약해설약서사
得千二百意功德 득천이백의공덕

만일 선남자 선여인이 여래가 멸도한 후, 이 법화경을 받아 지녀 혹은 읽고, 외우고, 해설하고, 옮겨 쓰면 천이백 마음의 공덕을 얻으리라.

若說此經時 약설차경시

若說此經時 약설차경시
有人惡口罵 유인악구매
加刀杖瓦石 가도장와석
念佛故應忍 염불고응인

만약 이 경을 설할 때 어떤 사람이 악한 입으로 욕설하거나 칼과 막대기나 기와나 돌로 때릴지라도 나를 생각하며 참을지니라.

若我成佛 약아성불

若我成佛　滅度之後 약아성불　멸도지후
於十方國土 어시방국토
有說法華經處 유설법화경처
我之塔廟　爲聽是經故 아지탑묘　위청시경고
踊現其前爲作證明 용현기전위작증명
讚言善哉 찬언선재

만약, 내가 성불하여 멸도한 후에 시방의 국토에서 법화경을 설하는 곳이 있다면 나의 탑묘는 이 경을 듣기 위하여 그 앞에 용출하여 증명하고 착하다고 말하리라.

若於後世 약어후세

若於後世　受持讀誦 약어후세 수지독송
是經典者　是人不復 시경전자 시인불부
貪著衣服臥具飮食 탐착의복와구음식
資生之物 所願不虛 자생지물 소원불허
亦於現世得其福報 역어현세득기복보

만일 후세에서 이 경전을 받아 가지고 읽고 외우는 자는 이 사람은 다시 의복, 와구, 음식 등 자생(資生)의 물품을 탐내지 아니할지라도 소원이 헛되지 아니하고 또한 현세에서 그 복의 과보를 얻으리라. 〈보현보살권발품〉

若如來滅後 약여래멸후

若如來滅後　後五百歲
若有人見受持讀誦法華經者
應作是念　此人不久　當詣道場
破諸魔衆　得阿耨多羅三藐三菩提
轉法輪　擊法鼓　吹法螺　雨法雨

약여래멸후 후오백세
약유인견수지독송법화경자

응작시념 차인불구 당예도량
파제마중 득아뇩다라삼먁삼보리
전법륜 격법고 취법라 우법우

만일 여래가 멸도한 후, 후五百세에서 혹 어떤 사람이 법화경을 받아 가지고 읽고 외우는 자를 보거든 마땅히 이런 생각을 하되, 이 사람은 오래지 아니하여 도량에 나가서 모든 마의 대중을 파하고 아뇩다라삼먁삼보리를 얻어 법륜을 전하며 법고를 치고 법라 등을 불며 법비를 내리리라. 〈보현보살권발품〉

藥王 약왕

藥王　咸於佛前　약왕 함어불전
聞妙法華經一偈一句　문묘법화경일게일구
乃至念隨喜者　내지념수희자
我皆與授記　아개여수기

약왕아…… 부처님 앞에서 묘법연화경의 한 게송이나 한 구절을 듣고 오로지 일념으로 따라 기뻐하는 사람에게는 내가 다 수기를 주어 성불케 하리라.

若有國土 약유국토

若有國土衆生　약유국토중생
應以佛身得度者　응이불신득도자
觀世音菩薩　관세음보살

卽現佛身而爲說法 즉현불신이위설법

만일, 어떤 국토의 중생이 부처님의 몸으로 응하여 득도할 자에게는 관세음보살이 곧 부처님 몸을 나타내어 법을 설하며……

若有聞法者 약유문법자

若有聞法者 약유문법자
無一不成佛 무일불성불
諸佛本誓願 제불본서원
普欲令衆生 보욕령중생
亦同得此道 역동득차도

만일, 법문을 듣는 자는 한 사람도 성불하지 않는 사람이 없느니라. 모든 부처님의 본래 서원은…… 널리 중생으로 하여금 또한 같이 성불을 얻게 하고자 함이다.

若有發心 약유발심

若有發心　欲得阿耨多羅三藐三菩提者
能燃手指　乃至足一指　供養佛塔
약유발심 욕득아뇩다라삼먁삼보리자
능연수지 내지족일지 공양불탑

만일 발심하여 아뇩다라삼먁삼보리를 얻고자 하는 자는 능히 손가락이나 발가락을 하나 태워서 부처님의 탑을 공양하라. 〈약왕보살본사품〉

若有菩薩 약유보살

若有菩薩　聞是法華經 약유보살 문시법화경
驚疑怖畏　當知是爲 경의포외 당지시위
新發意菩薩 신발의보살

만일 보살이 있어 이 법화경을 듣고 놀라고 의심하고 두려워하면 마땅히 알라. 이는 새로 발심한 보살이니라.
〈법사품〉

若有受持 약유수지

若有受持讀誦 약유수지독송
正憶念修習書寫 정억념수습서사
是法華經者　當知是人 시법화경자 당지시인
則見釋迦牟尼佛 즉견석가모니불
如從佛口　聞此經典 여종불구 문차경전

만일 이 법화경을 받아 가지고 읽고 외우고 바로 기억하여 생각하고 닦고 익히고 옮겨 쓰는 자는 마땅히 알라. 이 사람은 곧 석가모니불을 친견하고 부처님의 입으로부터 이 경전을 들음과 같음이라. 〈보현보살권발품〉

若有受持 약유수지

若有受持讀誦正憶念 약유수지독송정억념

解其義趣如說修行　해기의취여설수행
當知是人行普賢行　당지시인행보현행

만일, 수지하여 독송하고 바르게 기억하고 생각해서 그 뜻을 알고 설하는 바와 같이 수행하면 마땅히 알게 되리니, 이 사람은 보현행을 행함이라.

若有信受 약유신수

若有信受　此經法者　약유신수 차경법자
是人已曾　見過去佛　시인이증 견과거불
恭敬供養　亦聞是法　공경공양 역문시법

만일 이 경의 법을 믿고 받는 자는 이 사람은 일찍이 과거의 부처님을 친견하고 공경하고 공양하여 또한 이 법을 들었음이라. 〈비유품〉

若有深心者 약유심심자

若有深心者　약유심심자
清淨而質直　청정이질직
多聞能摠持　다문능총지
隨義解佛語　수의해불어
如是之人等　여시지인등
於此無有疑　어차무유의

만일 깊은 마음이 있는 자가 청정하고 본 바탕이 곧아서 많이 듣고 능히 다 가지며 뜻에 따라 부처님의 말씀을 해석하면 이같은 사람들은 이에 의심이 없으리라.

若有惡人 약유악인

若有惡人　以不善心 약유악인 이불선심
於一劫中　現於佛前 어일겁중 현어불전
常毁罵佛　其罪尙輕 상훼매불 기죄상경
若人以一惡言 약인이일악언
毁呰在家出家 훼자재가출가
讀誦法華經者 독송법화경자
其罪甚重 기죄심중

만일 악한 사람이 착하지 못한 마음으로 일겁 동안을 부처님 앞에 나타나서 항상 부처님을 헐어 꾸짖는다면 그 죄는 오히려 가벼울지니라. 만일 어떤 사람이 한 마디의 악한 말로써 재가(在家)이거나 출가한 사람이 법화경을 읽고 외우는 사람을 헐어 꾸짖으면 그 죄는 심히 무거울 지니라.

〈법사품〉

若有衆生 약유중생

若有衆生　來至我所 약유중생 내지아소
我以佛眼　觀其信等 아이불안 관기신등
諸根利鈍隨所應度 제근리둔수소응도

處處自說　名字不同 처처자설 명자부동
年紀大小 연기대소

만일 어떤 중생이 나의 처소에 오면 나는 부처님의 눈으로써 그의 신심과 모든 근기의 날카롭고 둔함을 관해서 응하여 제도될 바를 따라 곳곳에서 스스로 설하되 이름이 같지 아니하며 연기(年紀)가 크고 작음이라.

〈여래수량품〉

若有衆生 약유중생

若有衆生不信受者 약유중생불신수자
當於如來餘深法中 당어여래여심법중
示敎利喜 시교리희
汝等若能如是 여등약능여시
則爲已報諸佛之恩 즉위이보제불지은

만일 믿지 않는 중생에게는 마땅히 여래의 다른 깊은 법 중에서 보이고 가르쳐서 이롭게 하고 기쁘게 할지니라. 너희가 만일 이와 같이 하면, 이것은 이미 모든 부처님의 은혜를 갚는 길이 되느니라.

若有衆生 약유중생

若有衆生 약유중생
恭敬禮拜觀世音菩薩 공경예배관세음보살

福不唐捐　是故衆生　복불당연 시고중생
皆應受持　개응수지
觀世音菩薩名號　관세음보살명호

만일, 중생이 관세음보살을 공경하고 예배하면 복이 되어 헛됨이 없으리니, 이런고로 중생은 다 마땅히 관세음보살의 명호를 받아 가질지니라.

若有衆生類 약유중생류

若有衆生類 약유중생류
値諸過去佛 치제과거불
若聞法布施 약문법보시
或持戒忍辱 혹지계인욕
精進禪智等 정진선지등
種種修福慧 종종수복혜
如是諸人等 여시제인등
皆已成佛道 개이성불도

만일어떤 중생들이 과거여러 부처뵙고 법문듣고 보시하며 계율지켜 인욕하고 정진선정 지혜등의 복과덕을 닦았으면 이와같은 여러사람 모두이미 성불했고 〈법화경 서품〉

若有持是 약유지시

若有持是　약유지시

觀世音菩薩名者　관세음보살명자
說入大火火不能燒　설입대화화불능소
由是菩薩威神力故　유시보살위신력고

만일, 이 관세음보살의 명호를 가지는 자는 설령 큰 불에 들어가도 불이 능히 태우지 못하리니 이 보살의 위신력에 의한 까닭이니라.

若以舌根 약이설근

若以舌根　於大衆中　약이설근 어대중중
有所演說　出深妙聲　유소연설 출심묘성
能入其心　皆令歡喜　능입기심 개령환희

만일 혀로써 대중 가운데서 연설하면 깊고 묘한 소리가 나와 능히 그 마음에 들어가 다 환희하고 쾌락하게 하리라.
〈법사공덕품〉

若以小乘化 약이소승화

若以小乘化　약이소승화
乃至於一人　내지어일인
我則墮慳貪　아즉타간탐
此事爲不可　차사위불가

만일 소승으로만 교화하여 혼자만이 가진다면 나는 곧

간탐(慳貪)에 떨어지리니, 이와 같이 함은 옳지 않느니라. 〈방편품〉

若人不信 약인불신

若人不信　毁謗此經 약인불신 훼방차경
則斷一切　世間佛種 즉단일체 세간불종

만약 사람이 믿지 아니하고 이 경을 헐어 비방하면 곧 일체 세간의 부처님 종자를 끊는 것이 되느니라. 〈비유품〉

若人散亂心 약인산란심

若人散亂心 약인산란심
入於塔廟中 입어탑묘중
一稱南無佛 일칭나무불
皆已成佛道 개이성불도
於諸過去佛 어제과거불
在世或滅後 재세혹멸후
若有聞是法 약유문시법
皆已成佛道 개이성불도

어떤사람 산란하고 어지러운 마음으로 탑과법당 들어가서 거룩하신 부처님께 나무불을 한번해도 모두성불 하였노라 지난세상 여러부처 계실때나 열반한뒤 법화경을 들은이는 모두성불 하였노라 〈법화경 서품〉

若人信歸佛 약인신귀불

若人信歸佛 약인신귀불
如來不欺誑 여래불기광
亦無貪嫉意 역무탐질의
斷諸法中惡 단제법중악
故佛於十方 고불어시방
而獨無所畏 이독무소외

누구든지 귀의하면 부처님은 속이잖고 탐욕이나 질투없이 모든악을 끊어주니 부처님은 시방세계 두려움이 없느니라

〈법화경 서품〉

若人欲加惡 약인욕가악

若人欲加惡 약인욕가악
刀杖及瓦石 도장급와석
則遣變化人 즉견변화인
爲之作衛護 위지작위호

만일 어떤 사람이 악한 마음으로 칼과 막대기와 기와나 돌로 때리고자 하면 곧 변화한 사람을 보내어서 위하여 이를 호위하리라.

〈법사품〉

若人爲是經 약인위시경

若人爲是經(法華經)故 약인위시경(법화경)고
往詣僧坊 須臾聽受 왕예승방 수유청수
緣是功德 及乘天宮 연시공덕 급승천궁

만약, 어떤 사람이 이 경을 위하는 고로 승방에 나가서…… 잠시라도 듣고 받으면 이 공덕으로 인하여…… 천궁에 이를 수도 있다.

藥草喩雨[92] 약초유우

慈雲法雨 等澍天下 자운법우 등주천하

자비의 구름 진리의 비가
천하에 고루 내리다.

〈法華經 藥草喩品〉

若好若醜 약호약추

若好若醜 若美若不美 약호약추 약미약불미
及諸苦澁物 在其舌根 급제고삽물 재기설근
皆變成上味 개변성상미
如天甘露無不美者 여천감로무불미자

혹은 좋은 것이나 혹은 거칠은 것이나 혹은 맛있는 것이

92) 약초와 비의 비유로서 불법을 설명한 곳

나 혹은 맛없는 것이나 모든 쓰고 떫은 것이 혀에 닿으면 다 변하여 좋은 맛을 이루되 하늘의 감로와 같이 맛없는 것이 없느니라. 〈법사공덕품〉

良醫善治 양의선치

良醫善治 양의선치

부처님은 지혜 있고 총명한 어진 의사가 묘약을
밝게 처방하여 환자의 병을 잘 치료하는 것과 같다.

於未來世 어미래세

於未來世 어미래세
若有善男子善女人 약유선남자선여인
信如來智慧者 신여래지혜자
當爲演說 此法華經 당위연설 차법화경
使得聞知 爲令其人 사득문지 위령기인
得佛慧故 若有衆生 득불혜고 약유중생
不信受者 當於如來 불신수자 당어여래
餘深法中 示教利善 여심법중 시교리선

미래 세상에서 만일 선남자 선여인이 있어 여래의 지혜를 믿으려 하는 자에게는 마땅히 위하여 이 법화경을 연설하여 얻어 듣게 하고 알게 할 것이니, 그 사람으로 하여금 부처님의 지혜를 얻도록 하기 위한 까닭이니라. 만일 중생이 있어 믿지 않고 받지 않는 자에게는 마땅히

여래의 다른 깊은 법 중에서 보이고 가르쳐서 이롭게 하고 기쁘게 할지니라. 〈촉루품〉

於佛滅後 어불멸후

於佛滅後　聞如是經 어불멸후 문여시경
勿生疑惑　應當一心 물생의혹 응당일심
廣說此經　世世値佛 광설차경 세세치불
疾成佛道 질성불도

부처님이 멸도하신 후 이와 같이 경을 듣고 의혹을 내지 말고 응당 일심으로 널리 이 경을 설하면 세세에서 부처님을 친견하고 속히 불도를 성취하리라. 〈상불경보살품〉

於佛所說法 어불소설법

於佛所說法 어불소설법
當生大信力 당생대신력
世存法久後 세존법구후
要當說眞實 요당설진실

부처님이 설하신 바의 법을 마땅히 온 힘을 다하여 믿을지니라. 세존은 오랫동안 법을 설한 후에야 마땅히 요긴한 진실을 설하느니라. 〈방편품〉

於我滅度後 어아멸도후

於我滅度後 어아멸도후
應受持斯經 응수지사경
是人於佛道 시인어불도
決定無有疑 결정무유의

내가 멸도한 후 마땅히 이 경을 받아 가질지니 이 사람은 불도에 결정코 의심이 없으리라. 〈여래신력품〉

於如來滅後 어여래멸후

於如來滅後 어여래멸후
知佛所說經 지불소설경
因緣及次第 인연급차제
隨義如實說 수의여실설
如日月光明 여일월광명
能除諸幽冥 능제제유명
斯人行世間 사인행세간
能滅衆生闇 능멸중생암
教無量菩薩 교무량보살
畢竟住一乘 필경주일승

여래가 멸도하신 후 부처님께서 설하신 바 경의 인연과 차례를 알아서 뜻에 따라 진실과 같이 설하리라.
일월(日月)의 광명이 능히 모든 어두움을 제하는 것과

같이 이 사람이 세간에서 행하여 능히 중생의 어두움을 멸하고 한량없는 보살을 가르치어 마침내 일승(一乘)에 머무르게 하리라. 〈여래신력품〉

於汝意云何 어여의운하

於汝意云何 어여의운하
一切衆生喜見菩薩 일체중생희견보살
豈異人乎 기이인호
今藥王菩薩是也 금약왕보살시야

너의 생각은 어떤가. 일체중생희견보살이 어찌 다른 사람이겠는가. 바로 지금의 약왕보살이니라.

於後末世 어후말세

於後末世法欲滅時　有持是法華經者
於在家出家人中生大慈心　應作是念……

어후말세법욕멸시　유지시법화경자
어재가출가인중생대자심　응작시념

후의 말세에 법이 멸하고자 할 때에 법화경을 수지하는 자는 재가나 출가자 가운데서 대비의 마음을 일으켜 이와 같은 생각을 하되……

於後末世 어후말세

於後末世法欲滅時 어후말세법욕멸시
受持讀誦斯經典者 수지독송사경전자
無懷嫉妬諂誑之心 무회질투첨광지심

후의 말세에서 법이 멸하고자 할 때, 이 경전을 받아가서 읽고 외우는 자는 질투와 아첨하는 마음을 품지 마라.

汝但見妙 여단견묘

汝但見妙音菩薩 여단견묘음보살
其身在此 기신재차
而是菩薩現種種身 이시보살현종종신
處處爲諸衆生說是經典 처처위제중생설시경전

너는 묘음보살의 몸이 여기에만 있다고 보지만, 이 보살은 여러 가지 몸을 나타내어 곳곳에서 모든 중생들을 위하여 이 경전을 설하느니라.

與大比丘 여대비구

與大比丘衆萬二千人俱 여대비구중만이천인구
皆是阿羅漢 개시아라한
諸漏已盡無復煩惱 제루이진무부번뇌

逮得已利盡諸有結　　　체득이이진제유결
心得自在　　　심득자재

큰 비구대중 일만 이천 사람도 함께 하였으니, 이들은 다 아라한으로서 이미 모든 망상의 더러움이 다하여 다시 번뇌가 없으며, 깊은 진리를 얻어 모든 미혹된 습성을 버리고 마음의 자재함을 얻은 이들이었다.

〈법화경 서품〉

汝等去來 여등거래

汝等去來寶處在近
向者大城我所化作爲止息耳

여등거래보처재근
향자대성아소화작위지식이

너희는 나를 따르라 보물은 가까운 곳에 있나니, 앞에 있었던 성은 내가 만들어 너희를 쉬게 하고자 한 것뿐이다.

汝等今者 여등금자

汝等今者　眞是佛子　여등금자 진시불자
弘大慈大悲　　　홍대자대비
深能拔苦　救厄者　　심능발고 구액자
一切衆生之大依止處　일체중생지대의지처
一切衆生之大施主　　일체중생지대시주

너희들은 이제 참된 부처님의 아들이라, 넓고 큰 대자대비로 능히 깊은 고를 뽑아 고액에서 구해내는 자이라. 일체 중생의 복전이며 널리 일체를 위하여 크고도 좋은 도사가 되었으니 일체 중생이 크게 의지할 곳이며 일체 중생의 큰 시주다. 〈무량의경〉

汝等當受持讀誦 여등당수지독송

汝等當受持讀誦 여등당수지독송
廣宣此法 광선차법
令一切衆生普得聞知 영일체중생보득문지

너희는 마땅히 수지하여 독송하고 널리 이 법을 선포하여, 일체중생으로 하여금 듣게 하고 알도록 할지니라.

汝等勿有疑 여등물유의

汝等勿有疑 여등물유의
我爲諸法王 아위제법왕
普告諸大衆 보고제대중
但以一乘道 단이일승도
敎化諸菩薩 교화제보살
無聲聞弟子 무성문제자

너희들은 의심마라 나는법의 왕으로서 대중에게 말하노니 일불승의 묘한법은 보살들을 교화하니 성문제자 없느니라 〈법화경 서품〉

汝等勿怖 여등물포

汝等勿怖莫得退還 여등물포막득퇴환
今此大城 금차대성
可於中止隨意所作 가어중지수의소작
若入是城快得安穩 약입시성쾌득안온

너희는 겁내지도 말며 물러서지도 말라. 지금 이 성중에 머물러서 뜻에 따라 할지니, 만일 이 성에 들어가면 즐겁고 안온함을 얻으리라.

汝等舍利弗 여등사리불

汝等舍利弗 여등사리불
聲聞及菩薩 성문급보살
當知是妙法 당지시묘법
諸佛之祕要 제불지비요
以五濁惡世 이오탁악세
但樂著諸欲 단악착제욕
如是等衆生 여시등중생
終不求佛道 종불구불도
當來世惡人 당래세악인
聞佛說一乘 문불설일승
迷惑不信受 미혹불신수
破法墮惡道 파법타악도

有慚愧淸淨 유점괴청정
志求佛道者 지구불도자
當爲如是等 당위여시등
廣讚一乘道 광찬일승도

사리불아 너희들과 성문보살 알지어다 이러한법 여러모든 부처님의 비법이다 오탁악세 애욕애만 사로잡혀 즐기나니 이와같은 여러중생 부처님법 구하잖고 오는세상 악한사람 일승법문 듣게되도 미혹해서 믿지않아 악한길에 빠지지만 자기잘못 참회하고 청정하온 마음으로 정성다해 부처님법 구하는이 있으며는 마 땅 히 이들위해 일불승을 찬탄하라

〈법화경 서품〉

如來見諸 여래견제

如來見諸衆生 여래견제중생
樂於小法 德薄垢重者 락어소법 덕박구중자
爲是人說 我少出家 위시인설 아소출가
得阿耨多羅三藐三菩提 득아뇩다라삼먁삼보리

여래는 모든 중생이 작은 법을 즐겨함은 덕이 엷고 업이 무거운 자로 보고 이 사람을 위하여 내가 젊어서 출가하여 아뇩다라삼먁삼보리를 얻었다고 설하였느니라.

〈여래수량품〉

如來但以 여래단이

如來但以一佛乘故 여래단이일불승고
爲衆生說法 위중생설법
無有餘乘若二若三 무유여승약이약삼

여래는 다만 일불승으로 중생을 위하여 설법하시고 다른 법은 없거늘 어찌 이승이 있고 삼승이 있겠느냐. 〈방편품〉

如來滅度 여래멸도

如來滅度之後 若有人 여래멸도지후 약유인
聞妙法蓮華經 문묘법연화경
乃至一偈一句 내지일게일구
一念隨喜者 我亦與授 일념수희자 아역여수
阿耨多羅三藐三菩提記 아뇩다라삼먁삼보리기

여래가 멸도한 후에 만일 사람이 묘법연화경의 다만 한 게송이나 한 구절을 듣고 오로지 일념으로 따라 기뻐하는 자에게는 내가 또한 아뇩다라삼먁삼보리의 수기를 주리라. 〈법사품〉

如來滅後 여래멸후

如來滅後 欲爲四衆 여래멸후 욕위사중
說是法華經者 설시법화경자

云何應說　是善男子 운하응설 시선남자
善女人　入如來室 선여인 입여래실
著如來衣　坐如來座 착여래의 좌여래좌
爾乃應爲四衆 이내응위사중
廣說斯經 광설사경

여래가 멸도한 후에 사부대중을 위하여 이 법화경을 설하고자 하는 자는 어떻게 응하여 설할 것인고. 이 선남자 선여인은 여래의 방에 들어가서 여래의 옷을 입고 여래의 자리에 앉아서 이에 응하여 사부대중을 위해 널리 이 경을 설할지니라. 〈법사품〉

如來滅後 여래멸후

如來滅後　其能書持 여래멸후 기능서지
讀誦供養　爲他人說者 독송공양 위타인설자
如來則爲　以衣覆之 여래즉위 이의복지

여래가 멸도한 후에 능히 써 가지고 읽고 외우고 공양하고 다른 사람을 위하여 설하는 자는 여래가 곧 옷으로써 이를 덮어 주리라. 〈법사품〉

如來方便力 여래방편력

如來方便力 여래방편력
分別說三乘 분별설삼승

여래가 방편의 힘으로 일불승을 분별하여 삼승으로 설함이니라. 〈화성유품〉

如來說法 여래설법

如來說法　一相一味　여래설법 일상일미
所謂解脫相　離相滅相　소위해탈상 이상멸상
究竟至於　一切種智　구경지어 일체종지

여래의 설법은 같은 상이며 같은 맛이니 이른 바 해탈상이며 이상(離相)이며 멸상(滅相)이니 마침내 일체 종지(種智)에 도달함이니라. 〈약초유품〉

如來說法[93] 여래설법

一相一味　離相寂滅　일상일미 이상적멸
如說修行　不自覺知　여설수행 불자각지

한 모습 한 맛이라
상을 떠나면 적멸에 들게 된다.
말씀 따라 수행하면
스스로 깨달아 자기도 다 알지 못한다. 〈방편품〉

93) 여래설법의 특징

如來是 여래시

如來是 여래시
一切衆生之大施主 일체중생지대시주
汝等亦應隨學如來之法 여등역응수학여래지법
勿生慳悋 물생간린

여래는 일체중생의 대시주이니라. 너희는 또한 마땅히 여래의 법을 따라 배울지니, 아끼고 인색한 마음을 내지 말라.

如來是諸 여래시제

如來是諸法之王　若有所說皆不虛也
於一切法以智方便而演說之
여래시제법지왕 약유소설개불허야
어일체법이지방편이연설지

여래는 모든 법의 왕이니 설하는 바는 조금도 허망함이 없다. 일체의 법을 지혜의 방편으로 설한 까닭이다.

如來甚希有 여래심희유

如來甚希有 여래심희유
以功德智慧故 이공덕지혜고
頂上肉髻　光明顯照 정상육계　광명현조

其眼長廣而　紺靑色 기안장광이 감청색
眉間毫相　白如珂月 미간호상 백여가월
齒白齊密　常有 치백제밀 상유
光明唇色赤好 광명진색적호
如頻婆果 여빈바라

여래는 심히 희유하심이라. 공덕과 지혜를 가지신 까닭에 머리 위의 육계에서 광명을 놓으사 밝히시도다. 그 눈은 길고 넓으시며 감청색이고, 미간의 백호상은 희기가 구슬이 모여 이룩된 달과 같으며 이는 빽빽하며 항상 광명이 있고 입술 빛은 붉어서 좋음이 빈바라와 같음이라.

〈묘장엄왕품〉

如來十號[94] 여래십호

如來應供正徧知 여래응공정변지
明行足善逝世間解 명행족선서세간해
無上士調御丈夫 무상사조어장부
天人師佛世尊 천인사불세존

참되고 한결 같은 마음으로부터 와서(如來 여래)
존경받을 만한 인격을 형성한 사람(應供 응공)
바르게 두루 두루 깨달은 사람(正徧知 정변지)
잘 해 나가고 있는 사람(善逝 선서)
세간을 잘 이해하는 사람(世間解 세간해)
모든 것을 스승삼아 위없는 스승이 된 사람(無上士 무상사)

94) 부처님께 붙여진 열 가지 명호

장부들을 잘 조절하는 사람(調御丈夫 조어장부)
신들과 인간의 스승이 되는 사람(天人師 천인사)
일체를 깨달은 사람(佛 불)
그래서 존경받을 만한 인격을 형성한 사람(世尊 세존)

〈방편품〉

如來安樂 여래안락

如來安樂少病少惱 여래안락소병소뇌
諸衆生等易可化度 제중생등역가화도
無有疲勞 무유피로

여래는 안락하여 조그마한 병도 조그마한 괴로움도 없으며, 모든 중생들도 교화하기 쉬우니 피로가 없음이라.

如來如實 여래여실

如來如實知見 여래여실지견
三界之相 無有生死 삼계지상 무유생사
若退若出亦 약퇴약출역
無在世及滅度者 무재세급멸도자
非實非虛 非如非異 비실비허 비여비이
不如三界 見於三界 불여삼계 견어삼계
如斯之事 如來明見 여사지사 여래명견
無有錯謬 무유착류

여래는 진실과 같이 三계의 상을 알고 보아 세상에 혹은 물러가고 혹은 나옴이 없느니라. 또는 세상에 있는 자도 멸도하는 자도 없음이나, 실(實)도 아니고 허(虛)도 아니며, 같지도 않고 다르지도 않느니라. 三계를 三계로 보는 것과 같지 아니함이니, 이와 같은 일을 여래는 밝게 보아서 착오가 없음이라. 〈여래수량품〉

如來于時 여래우시

如來于時觀是衆生諸根利鈍精進懈怠
隨其所堪而爲說法　種種無量
皆令歡喜快得善利

여래우시관시중생제근리둔정진해태
수기소감이위설법 종종무량
개령환희쾌득선리

여래는 이때 모든 중생들의 근기가 날카롭고 둔하고 부지런하고 게으른 것을 관찰하여 그 근기에 따라 설법하여 종종무량으로 환희케 하고 이익을 얻게 하시니라.

如來爲太 여래위태

如來爲太子時 여래위태자시
出於釋宮 출어석궁
去伽倻城不遠 거가야성불원
坐於道場 좌어도량
得成阿耨多羅三藐三菩提 득성아뇩다라삼먁삼보리

從是已來　　종시이래
始過四十餘年　　시과사십여년
世尊云何　於此小時　　세존운하 어차소시
大作佛事　　대작불사

여래께서 태자로 계실 때 석씨(釋氏) 궁성을 나오시어 가야성을 떠나 멀지 않은 도량에 앉으사 아뇩다라삼먁삼보리를 이룩하셨나이다. 이 때로부터 지금까지 겨우 四十 여년이 지났거늘 세존께서는 어찌 이 짧은 시간에 큰 불사(佛事)를 하셨나이까. 〈종지용출품〉

如來一切 여래일체

如來一切所有之法　여래일체소유지법
如來一切自在神力　여래일체자재신력
如來一切秘要之藏　여래일체비요지장
如來一切甚深之事　여래일체심심지사
皆於此經宣示顯說　개어차경선시현설

여래에게 있는 일체의 법과 여래에게 있는 일체의 자재한 신력과 여래에게 있는 일체 비요(秘要)의 장(藏)과 여래에게 있는 일체의 심심(甚深)한 일을 다 이 경에서 펴고 보이고 나타내고 설함이니라. 〈여래신력품〉

如來尊重 여래존중

如來尊重　智慧深遠 여래존중 지혜심원
久黙斯要　不務速說 구묵사요 불무속설
有智若聞　則能信解 유지약문 즉능신해
無智疑悔　則爲永失 무지의회 즉위영실

여래는 높고 존귀하며 지혜는 심원(深遠)하여 오래도록 이 요긴한 법을 침묵하고 속히 힘써 설하지 아니하였노라. 지혜 있는 이가 만일 들으면 곧 능히 믿어 해득할 것이나, 지혜 없는 자는 곧 의심하여 영원히 잃게 되리라. 〈약초유품〉

如來則爲 여래즉위

如來則爲　以衣覆之 여래즉위 이의복지

여래가 곧 옷으로써 덮어 준다

汝莫輕彼國 여막경피국

汝莫輕彼國生下劣想 여막경피국생하열상
佛菩薩及國土生下劣想 불보살급국토생하열상

너는 저 나라를 가벼이 업신여겨 하열하다고 생각지 말라…… 부처님과 보살과 국토를 하열하다고 생각지 말라

如法應修行 여법응수행

如法應修行 여법응수행
非法不應行 비법불응행
今世若後世 금세약후세
行法者安穩 행법자안온

진리대로 하여 어기지 않고 올바르게 수행할 것이며, 법에 어긋나는 행동을 해서는 안된다. 금세(今世)에서나 후세(後世)에서나 올바르게 법을 실천해 나가면 편안하게 생활할 수 있다. 〈아함경〉

如富長者 여부장자

如富長者 知子志劣 여부장자 지자지열
以方便力 柔伏其心 이방편력 유복기심
然後乃付 一切財物 연후내부 일체재물
佛亦如是 現希有事 불역여시 현희유사
知樂小者 以方便力 지락소자 이방편력
調伏其心 乃敎大智 조복기심 내교대지

부자인 장자는 아들의 마음이 졸렬함을 알고 그의 마음을 부드럽게 하여 조복한 연후에 일체의 재물과 보배를 부촉함과 같이 부처님도 또한 이와 같으사 희유한 일을 나타내심이라. 작은 법을 즐겨함을 아시고 방편력으로 그 마음을 조복하신 뒤 큰 지혜를 가르치심이라.

汝舍利弗 여사리불

汝舍利弗　尙於此經 여사리불 상어차경
以信得入　況餘聲聞 이신득입 황여성문
其餘聲聞　信佛語故 기여성문 신불어고
隨順此經　非己智分 수순차경 비기지분

사리불아, 너도 오히려 이 경에는 믿음으로써 들어옴을 얻었으니 하물며 다른 성문이랴.
그 다른 성문도 부처님 말씀을 믿는 고로 이 경에 순종함이요, 자기의 아는 분수가 아니니라. 〈비유품〉

如世尊勅 여세존칙

如世尊勅　當具奉行 여세존칙 당구봉행
唯然世尊　願不有慮 유연세존 원불유려

세존께서 교칙하심과 같이 마땅히 갖추어 받들어 행하겠나이다. 오직 세존께서는 원컨대 염려하지 마옵소서.
〈촉루품〉

如是妙法 여시묘법

如是妙法　諸佛如來 여시묘법 제불여래
時乃說之　如優曇鉢華 시내설지 여우담발화
時一現耳 시일현이

이와 같은 미묘한 법은 입으로 말할 수 없고 뜻으로도 생각할 수 없으므로 모든 부처님께서도 때가 되어야 이를 설하시나니, 우담발화꽃이 때가 되어야 한 번 피는 것과 같느니라. 〈법화경 서품〉

如是我聞[95] 여시아문

一. 如如 1. 여라는 여여

靜夜長天一月孤 정야장천일월고

고요한 밤 높은 하늘에 둥근 달이 떴구나. 〈冶父頌〉

二. 是是 2. 시라는 시여

水不離波波是水 수불리파파시수
鏡水塵風不到時 경수진풍부도시0
應現無瑕照天地 응현무하조천지

물은 파도를 여의지 않으니 파도가 그대로 물이다.
거울 물에 티끌 바람 이르지 않으면
티 없는 거울 물 가운데 하늘과 땅이 다 비치네. 〈冶父頌〉

95) 야부 도천스님은 금강경에 註解를 내신 유명한 중국스님. 如是我聞一時佛에 대하여 구체적인 해설시를 지어 유명하다.

三. 我我 3. 나라는 나여

認得分明成兩個 인득분명성양개
不動纖毫合本然 부동섬호합본연
知音自在松風和 지음자재송풍화

인식하면 분명 두 개가 된다.
티끌만큼도 동하지 아니하여야 본연에 합하나니
소리를 아는 사람은 스스로 솔바람에 화하리라. 〈冶父頌〉

四. 聞 4. 듣는다

切忌隨他去 절기수타거
一聲新鴈天寒 일성신안천한

간절히 소리 따라 가지 말라.
새 기러기 한 소리에 천지에 가을이 온다. 〈冶父頌〉

如是我聞 여시아문

如是我聞 一時佛住王舍城耆闍崛山中
與大比丘衆萬二千人俱 皆是阿羅漢

여시아문 일시불주왕사성기사굴산중
여대비구중만이천인구 개시아라한

이와 같이 나는 들었다. 어느 때 부처님께서 왕사성의 기사굴 산중에서 큰 비구 대중 일만이천인과 함께 계셨는데, 이들은 다 아라한이었다.

如是我成 여시아성

如是我成佛已來 여시아성불이래
甚大久遠 심대구원
壽命無量阿僧祇劫 수명무량아승지겁
常住不滅 상주불멸

이와 같이 나는 성불함이 심히 오래 되고 멀어서 수명이 한량 없고 아승지겁에 항상 머무르며 멸하지 않느니라.

〈여래수량품〉

如是第五十人展 여시제오십인전

如是第五十人展 여시제오십인전
轉聞法華經隨喜功德 전문법화경수희공덕
尙無量無邊阿僧祇 상무량무변아승지

이와 같이 전전하여 제 오십 번째의 사람이 법화경을 듣고 수희한 공덕도 오히려 한량없고 끝이 없는 아승지와 같거늘,

如是種種 여시종종

如是種種變化現身 여시종종변화현신
在此娑婆國土 재차사바국토
爲諸衆生說是經典 위제중생설시경전

於神通變化智慧　　어신통변화지혜
無所損減　　무소손감

여러 가지로 변화의 몸을 나타내어 이 사바국토에서 모든 중생들을 위하여 이 경전을 설하되, 신통변화 지혜는 조금도 감소하지 않는다.

汝於來世 여어래세

汝於來世當得作佛　여어래세당득작불
號蹈七寶華如來　　호도칠보화여래
一天人師佛世尊　　일천인사불세존

너는 오는 세상에 마땅히 성불하리라. 이름은 도칠보여화여래…… 천인사·불·세존이라 부른다.

如蓮華在水 여연화재수

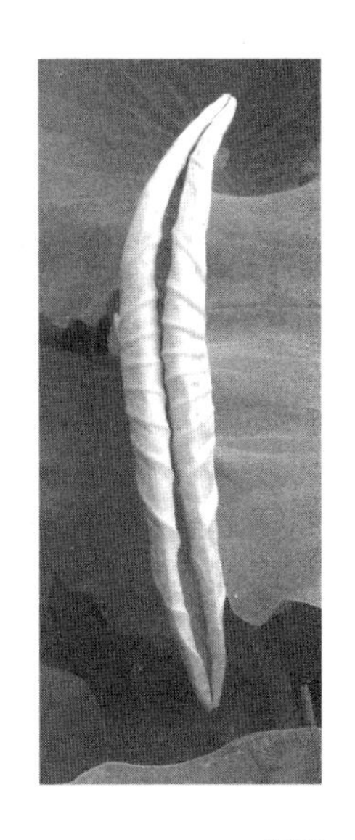

如蓮華在水　여연화재수

연꽃이 물에 있음과 같음이라

如以甘露灑 여이감로쇄

如以甘露灑　여이감로쇄
除熱得清凉　제열득청량

如從飢國來 여종기국래
忽遇大王膳 홀우대왕선

마치 감로수를 뿌려 열을 제하고 청량함을 얻음과 같으리다. 굶주린 나라로부터 와서 홀연히 대왕의 음식상을 만난 것과 같이. 〈수기품〉

汝已慇懃 여이은근

汝已慇懃三請 여이은근삼청
豈得不說　汝今諦聽 기득불설 여금체청
善思念之 선사념지
吾當爲汝分別解說 오당위여분별해설

네가 간곡하게 성심으로 세 번이나 간청하니 내 어찌 말하지 않을 수 있겠느냐. 너는 이제 자세히 듣고 잘 생각하여 마음에 깊이 간직하라. 내가 너를 위하여 자세하고 알기 쉽게 말하리라. 〈법화경 서품〉

如一鑿井 여일착정

如一鑿井　己近泉源 여일착정 기근천원

지혜 있는 사람은 우물을 팔 때와 같이
점차로 축축한 진흙을 보면 물이 가까이 있음을 안다.

如此經歷 여차경역

如此經歷多年常被罵詈 여차경역다년상피매리
不生瞋恚常作是言 불생진에상작시언
汝當作佛 여당작불

이와 같이 여러 해 동안 항상 비웃음과 욕을 들었으나 진심(성냄)을 내지 않고 항상 이런 말을 하되, 너희는 마땅히 성불하리라.

如此種種 여차종종

如此種種羊車鹿車牛車今在門外
可以遊戲　如等於此火宅宜速出來
隨如所欲皆當與汝

여차종종양거록거우거금재문외
가이유희 여등어차화택의속출래
수여소욕개당여여

이와 같이 여러 양이 끄는 수레, 사슴이 끄는 수레, 소가 끄는 수레가 문 밖에 있으니 나와서 가지고 놀아라. 너희들은 화택에서 속히 나오너라. 너희가 갖고 싶어 하는 것을 주리라.

汝聽觀音行 여청관음행

汝聽觀音行 여청관음행

善應諸方所 선응제방소
弘誓深如海 홍서심여해
歷劫不思議 역겁부사의

너는 관음행이 모든 곳에서 잘 응함을 들으라. 대서원이 바다와 같이 깊어 생각할 수도 없는 겁을 지나도록,

如風於空中 여풍어공중

如風於空中 여풍어공중
一切無障礙 일체무장애

허공을 나는 바람은 어느 곳에도 장애가 없다.

如彼大雲 여피대운

如彼大雲雨於一切卉木叢林及諸藥草
如其種性　具足蒙潤各得生長

여피대운우어일체훼목총림급제약초
여기종성 구족몽윤각득생장

저 큰 구름이 일체의 초목과 수풀, 모든 약초에 비를 내리면 각기 그 종류의 성품을 따라 윤택함을 얻어 성장함과 같으니라.

亦行衆善業 역행중선업

亦行衆善業 역행중선업
得見無數佛 득견무수불
供養於諸佛 공양어제불
隨順行大道 수순행대도
具六波羅蜜 구육바라밀
今見釋師子 금견석사자
其後當作佛 기후당작불
號名曰彌勒 호명왈미륵
廣度諸衆生 광도제중생
其數無有量 기수무유량

그도또한 선업쌓아 많은부처 만나뵙고 부처님께 공양하고 큰도법을 따라닦아 육바라밀 갖추어서 석가세존 친견하니 이다음에 부처되어 그이름이 미륵이라 많은중생 제도하니 그숫자가 끝없으리 〈법화경 서품〉

燃燈偈[96] 연등게

大願爲炷大悲油 대원위주대비유
大捨爲火三法聚 대사위화삼법취
菩提心燈照法界 보리심등조법계
照諸群生願成佛 조제군생원성불

96) 등불은 어떻게 켜야 하는가를 밝힌 글.

대원으로 심지를 삼고 대비로써 기름을 삼고
대사로써 불을 삼아 세 가지를 모아
깨달음의 등불로 법계를 비추면
모든 군생들이 빛 따라 성불한다. 〈釋門儀範 靈山作法〉

然百福莊 연백복장

然百福莊嚴臂　七萬二千歲而以供養……
發阿耨多羅三藐三菩提心
皆使得住現一切色身三昧

연백복장엄비　칠만이천세이이공양……
발아뇩다라삼먁삼보리심
개사득주현일체색신삼매

백복으로 장엄된 팔을 태워서 칠만이천년을 공양함으로써…… 아뇩다라삼먁삼보리의 마음을 일으키게 하여 다 현일체색신삼매에 머무르도록 하였느니라.

蓮之卽染 연지즉염

蓮之卽染而淨 연지즉염이정
蓮之自華而實 연지자화이실

연잎은 곧 본 성품이 깨끗하여 물들지 않음이요,
연꽃은 스스로 피어 일승의 열매를 맺음이라.

硏眞斷惑 연진단혹

硏眞斷惑　眞窮惑盡 연진단혹 진궁혹진

진리를 연마하여 미혹을 끊으면
마침내 미혹을 다하여 참 성품을 보리라.

然後還攝 연후환섭

然後還攝舌相 연후환섭설상
一時謦刻俱共彈指 일시경각구공탄지
是二音聲 시이음성
遍至十方諸佛世界 편지시방제불세계
地皆六種震動 지개육종진동

연후에 다시 설상(혀의 모습)을 거두시고 일시에 큰 기침을 하시며 함께 손가락을 튕기시니, 이 두 가지 소리가 두루 시방의 모든 부처님세계에 이르러 땅은 다 여섯 가지로 진동함이라.

寧上我頭上 영상아두상

寧上我頭上 영상아두상
莫惱於法師 막뇌어법사

차라리 내 머리 위에 오를지언정 법사를 괴롭히지 말라.
〈다라니품〉

靈鷲偈[97] 영축게

靈鷲拈華示上機 영축염화시상기
肯同浮木接盲龜 긍동부목접맹구
飮光不是微微笑 음광불시미미소
無限淸風付與誰 무한청풍부여수

영축산에서 꽃을 들어 상기에게 보였을 때
구멍 뚫린 뜬 나무에 눈먼 거북 만나듯이
가섭존자 빙긋이 웃지 아니 했다면
한없는 맑은 바람 누구에게 전했으리. 〈釋門儀範 拈華偈〉

吾滅後惡世 오멸후악세

吾滅後惡世 오멸후악세
能持是經者 능지시경자
當合掌禮敬 당합장예경
如供養世尊 여공양세존

내가 멸도한 후 악한 세상에서 능히 이 경을 가지는 사람이거든 마땅히 합장하고 예배 공경하되 세존을 공양함과 같이 하라. 〈법사품〉

97) 영축게는 영산회상에서 가섭존자가 염화미소한 것을 시로 읊은 것이다.

五時八教[98] 5시8교

阿含方等般若嚴 아함방등반야엄
藏通別漸秘不定 장통별점비부정
爲實示權方便法 위실시권방편법
法華一時圓滿敎 법화일시원만교

아함경 · 방등경 · 반야경 · 화엄경과
장교 · 통교 · 별교 · 돈교 · 점교 · 비밀교 · 부정교는
진실을 나투기 위해 방편으로 나타낸 법이니
법화 한 가지가 원만교가 된다. 〈天台疏〉

擁護偈[99] 옹호게

願諸天龍八部衆 원제천룡팔부중
爲我擁護不離身 위아옹호불리신
於諸難處無災難 어제난처무재난
如是大願能成就 여시대원능성취

원컨대 천룡 팔부중께서는
저희들을 항상 옹호하여
어떤 어려운 곳에 있어서도
어려운 재앙이 없게 하여
능히 큰 원을 성취하게 하옵소서. 〈釋門儀範〉

---

98) 불교교판론. 천태 지자대사가 밝힌 것.
99) 법화행자들은 모든 신장님들이 언제나 호위하고 다닌다. 그러므로 이 법은 진실로 듣기 어렵다 하였다.

王聞仙言 왕문선언

王聞仙言 歡喜踊躍 왕문선언 환희용약
卽隨仙人 供給所須 즉수선인 공급소수
採果汲水 拾薪設食 채과급수 습신설식
乃至以身 而作牀座 내지이신 이작상좌
身心無倦 신심무권

왕이 선인의 말을 듣고 환희하여 기뻐 뛰며 곧 선인을 따라 가서 구하는 것을 공급하되 과실을 따고 물을 긷고 나무를 주워서 음식을 장만하며 또는 몸으로써 앉는 자리가 되어도 몸과 마음에 권태로움이 없었느니라.

〈제바달다품〉

外難不侵[100] 외난불침

日月薄蝕難 일월박식난
星宿變怪難 성수변괴난
過時不雨難 과시불우난
非時風雨難 비시풍우난
人衆疾疫難 인중질역난
自界返逆難 자계반역난
他國侵逼難 타국침핍난
無盡災害難 무진재해난

100) 사람에게는 인위적인 고통만 있는 것이 아니라 자연적인 재해도 많은데 법화경을 읽고 쓰고 외우고 전하면 어떠한 고난도 이겨낼 수 있다 하였다.

生老病苦難 생노병고난
愛別離苦難 애별이고난
怨憎會苦難 원증회고난
所求不得難 소구부득난

일식 월식의 어려움과 별과 별들의 변화성괴와
때 지난 가뭄. 때 아닌 풍우 갖가지 유행병.
자국에서의 반역난. 타국의 침핍난 등
무진한 재해와 생노병사의 고난과 사랑이 이별하는 고난
원수가 모여 사는 고난. 구하는 것이 잘 되지 않는 등
모든 고통이 다 없어진다. 〈다라니품〉

勇施菩薩 용시보살

勇施菩薩白佛言 世尊 용시보살백불언 세존
我亦爲擁護讀誦受持 아역위옹호독송수지
法華經者 說陀羅尼 법화경자 설다라니

용시보살이 부처님께 말씀하되, 세존이시여, 나도 또한 법화경을 읽고 외워 받아 지니는 자를 옹호하기 위하여 다라니를 설하오리다.

又見菩薩 우견보살

又見菩薩 處林放光 우견보살 처림방광
濟地獄苦 令入佛道 제지옥고 영입불도

다시보니 어떤보살 숲속에서 광명놓아
지옥중생 제도하여 부처님도 들게하고 〈법화경 서품〉

又今我等 우금아등

又今我等　年已朽邁
於佛敎化菩薩阿耨多羅三藐三菩提
不生一念　好樂之心

우금아등 연이후매
어불교화보살아뇩다라삼먁삼보리
불생일념 호락지심

또 지금 우리들이 이미 나이 늙었으며 부처님께서 보살을 교화하시는 아뇩다라삼먁삼보리에는 좋아하고 즐겨하는 생각을 내지 못하였나이다. 〈신해품〉

優曇鉢華[101] 우담발화

優曇靈瑞三千年 우담영서삼천년
金輪出現妙法說 금륜출현묘법설

우담발화는 3천 년만에 한 번 피는 신령스런 꽃으로
부처님께서 출생하여 묘법을 설하심에 비유된다. 〈法華疏〉

101) 비유로서 법왕의 탄생을 기린 글

于時一切 우시일체

于時一切衆生喜見菩薩 우시일체중생희견보살
於大衆中立此誓言 어대중중입차서언
我捨兩臂 아사양비
必當得佛金色之身 필당득불금색지신

이때, 일체중생희견보살이 대중 가운데서 이러한 맹세의 말을 하되, 내 양팔을 버렸으니 반드시 부처님의 금빛 몸을 얻으리라.

又如日天子 우여일천자

又如日天子　能除諸闇 우여일천자 능제제암
此經　亦復如是 차경 역부여시
能破一切　不善之闇 능파일체 불선지암

또는 해가 능히 모든 어두움을 제하는 것과 같이, 이 경도 또한 이와 같이 능히 일체의 착하지 못한 어두움을 제하느니라.

〈약왕보살본사품〉

雲駛故月雲 운사고월운

雲駛故月雲 운사고월운
風止則波澄 풍지즉파징

구름이 달리므로 달이 움직이는 것 같으니
바람이 그치면 물결이 맑아지리라.

圓敎菩薩[102] 원교보살

安住神通　轉不退輪 안주신통 전불퇴륜
度無量億　百千衆生 도무량억 백천중생

편안히 신통력에 머물러
법륜 굴리는 것에서 물러서지 않고
한량없는 백천억
중생들을 제도하는 사람이다. 〈法華經 序品〉

願不爲慮 원불위려

願不爲慮 원불위려

오직 원컨대 근심하지 마옵소서

願以此功德 원이차공덕

願以此功德 원이차공덕
普及於一切 보급어일체
我等與衆生 아등여중생

---

102) 원교보살은 일승불교에 정통한 자각각타, 각행원만의 인격자들이다.

皆共成佛道 개공성불도

원컨대 이 공덕으로써 널리 일체에 미치게 하시고 우리들과 중생들이 함께 다 같이 불도를 이루어지이다.

〈화성유품〉

爲求聲聞者 위구성문자

爲求聲聞者　說應四諦法
度生老病死究竟涅槃　成一切種智

위구성문자 설응사체법
도생로병사구경열반 성일체종지

성문을 구하는 자에게는 4제를 설하여 생로병사를 초월한 열반을 얻게 하고…… 일체종지를 이루게 한다.

威德具足 위덕구족

威德具足　其數五百 위덕구족 기수오백
皆當授記　於未來世 개당수기 어미래세
咸得成佛 함득성불

위덕을 구족한 나의 오백 제자에게도 다 마땅히 수기를 주리니, 미래세에 다 성불하리라.

爲於法故 위어법고

爲於法故 위어법고
捐捨國位委政太子 연사국위위정태자
擊鼓宣令四方求法 격고선령사방구법
誰能爲我說大乘者 수능위아설대승자

법을 구하려고 왕위를 버리고 정사를 태자에게 맡기고, 북을 쳐서 명을 내려 사방으로 법을 구하되, 나를 위하여 능히 대승을 설할 사람은 누구인가.

有經名法華 유경명법화

有經名法華可共往聽 유경명법화가공왕청
卽受其教 즉수기교
乃至須臾間聞 내지수유간문
得與陀羅尼菩薩共生一處 득여다라니보살공생일처

경이 있어 이름이 법화라, 같이 가서 듣자 하여 그 가르침을 받고 잠시 한 법을 들을지라도…… 다라니보살과 같은 처소에 낳게 됨을 얻는다.

有能受持 유능수지

有能受持是經典者 유능수지시경전자
亦復如是 역부여시

於一切衆生中　　어일체중생중
亦爲第一　　역위제일

능히 이 경전을 받아 가지는 자는 또한 이와 같이 일체의 중생 가운데서 또한 제일이 되느니라. 〈약왕보살품〉

有能受持 유능수지

有能受持法華經者　　유능수지법화경자
若讀誦通利　　약독송통리
若書寫經卷　得幾所福　약서사경권 득기소복

능히 법화경을 받아 지닌 자가 혹은 읽고 외워 통달하고, 혹은 경전을 옮겨 쓰면 어느 정도의 복을 얻나이까.

唯佛與佛 유불여불

唯佛與佛　乃能究盡　유불여불 내능구진
諸法實相　所謂諸法　제법실상 소위제법
如是相　如是性　여시상 여시성
如是體　如是力　여시체 여시력
如是作　如是因　여시작 여시인
如是緣　如是果　여시연 여시과
如是報　여시보
如是本末究竟等　여시본말구경등

오직 부처님과 부처님만이 모든 법의 실상을 능히 연구하여 다함이니 이른바 모든 법이 이와 같은 상(相)이며, 이와 같은 성(性)이며, 이와 같은 체(體)며, 이와 같은 역(力)이며, 이와 같은 작(作)이며, 이와 같은 인(因)이며 이와 같은 연(緣)이며, 이와 같은 과(果)며, 이와 같은 보(報)며, 이와 같은 본말구경(本末究竟) 등이니라. 〈방편품〉

有娑竭羅龍王女 유사가라용왕녀

有娑竭羅龍王女 유사가라용왕녀
年始八歲　智慧利根 년시팔세 지혜리근
志意和雅能至菩提 지의화아능지보리

사가라용왕의 딸이 있는데 나이 겨우 팔세였다. 지혜스럽고 근기가 날카로와…… 뜻이 온화하고 아름다워 보리에 이름이라.

唯願不爲慮 유원불위려

唯願不爲慮 유원불위려
於佛滅度後 어불멸도후
恐怖惡世中 공포악세중
我等當廣說 아등당광설
有諸無智人 유제무지인
惡口罵詈等 악구매리등
及加刀杖者 급가도장자

我等皆當忍 아등개당인
惡世中比丘 악세중비구
邪智心諂曲 사지심첨곡
未得謂爲得 미득위위득
我慢心充滿 아만심충만
或有阿練若 혹유아연약
納衣在空閑 납의재공한
自謂行眞道 자위행진도
輕賤人間者 경천인간자
貪著利養故 탐착이양고
與白衣說法 여백의설법
爲世所恭敬 위세소공경
如六通羅漢 여육통라한
是人懷惡心 시인회악심
常念世俗事 상념세속사
假名阿練若 가명아련약
好出我等過 호출아등과
而作如是言 이작여시언
此諸比丘等 차제비구등
爲貪利養故 위탐리양고
說外道論議 설외도론의
自作此經典 자작차경전
誑惑世間人 광혹세간인
爲求名聞故 위구명문고
分別說是經 분별설시경

常在大衆中 상재대중중
欲毁我等故 욕훼아등고
向國王大臣 향국왕대신
婆羅門居士 바라문거사
及餘比丘衆 급여비구중
誹謗說我惡 비방설아악
謂是邪見人 위시사견인
說外道論議 설외도론의
我等敬佛故 아등경불고
悉忍是諸惡 실인시제악
爲斯所輕言 위사소경언
汝等皆是佛 여등개시불
如此輕慢言 여차경만언
皆當忍受之 개당인수지
濁劫惡世中 탁겁악세중
多有諸恐怖 다유제공포
惡鬼入其身 악귀입기신
罵詈毁辱我 매리훼욕아
我等敬信佛 아등경신불
當著忍辱鎧 당착인욕개
爲說是經故 위설시경고
忍此諸難事 인차제난사
我不愛身命 아불애신명
但惜無上道 단석무상도
我等於來世 아등어래세

護持佛所囑 호지불소촉
世尊自當知 세존자당지
濁世惡比丘 탁세악비구
不知佛方便 부지불방편
隨宜所說法 수의소설법
惡口而顰蹙 악구이빈축
數數見擯出 수수견빈출
遠離於塔寺 원리어탑사
如是等衆惡 여시등중악
念佛告勅故 염불고칙고
皆當忍是事 개당인시사
諸聚落城邑 제취락성읍
其有求法者 기유구법자
我皆到其所 아개도기소
說佛所囑法 설불소촉법
我是世尊使 아시세존사
處處無所畏 처처무소외
我當善說法 아당선설법
願佛安穩住 원불안온주
我於世尊前 아어세존전
諸來十方佛 제래시방불
發如是誓言 발여시서언
佛自知我心 불자지아심

오직 원컨대 근심하지 마옵소서. 부처님께서 멸도하신

후 두렵고 두려운 악한 세상에서 우리들이 마땅히 널리 설하오리다. 모든 지혜 없는 사람들이 악한 입으로 헐어 꾸짖으며 칼과 막대기로 때릴지라도 우리들이 다 마땅히 참겠나이다(속중증상만).
악한 세상에 있는 비구는 삿된 지혜로 마음이 구부러져서 아직 얻지 못함을 얻었다 말하며 아만심이 가득 참이라.(도문증상만)
혹은 산중이나 한적한 곳에서 누더기 옷을 입고 한가로이 있어 스스로 진실한 도를 행한다 생각하고 사람을 가벼이하며 업신여기는 자가 있으오리다.
이익 공양을 탐착하는 고로 속인을 위하여 법을 설하되 세상에서 공경을 받게 됨이 六통의 나한과 같으오리다. 이 사람이 악한 마음을 품고 항상 세속의 일을 생각하며 거짓 아렌야의 이름으로 우리들의 허물을 즐겨 내오리다. 더욱 이와 같은 말을 하리니, 이 모든 비구들은 이익 공양을 탐내는 고로 외도(外道)의 논의를 설하며 스스로 이 경전을 지어서 세간 사람을 현혹케 하며 명예와 이름을 구하기 위하는 고로 분별해서 이 경을 설한다고 하오리다.(참성증상만)
항상 대중 가운데에서 우리들을 헐고자 하는 고로, 국왕 대신 바라문 거사와 다른 비구들에게 비방하며 우리의 악을 말해서 이는 사견을 가진 사람이니 외도의 논의를 설한다고 하오리다. 그러나 우리들은 부처님을 공경하는 고로 이같은 모든 악을 다 참으오리다. 또 그네들이 가벼이 말하되 우리들을 다 부처님이라 말하오리니 이와 같이 가볍게 빈정대는 말도 마땅히 다 참아 받으오리다. 탁겁 악한 세상에서는 겁이 나고 두려운 일이 많이 있을 것이며 악한 귀신이 그 몸에 들어가 우리를 꾸짖고 헐어서 욕할지라도 우리들은 부처님을 공경하고 믿어서 마땅히 인욕의 갑옷을 입으오리다. 이점을 설하기 위하는 고로 이 모든 어려운 일을 참되 우리는 신명(身命)을 사랑하지 아니하고 다만 무상도를 아끼오리다. 우리들이 오는 세상에서 부처님께서 부촉하시는 바를 받들어 가지리니 세존께서는 마땅히 스스로 아시오리다. 탁한 세상에 악한 비구는 부처님께서 방편으로 근기를 따라 설하신 바의 법을 알지 못하고 악한 말을 하고 상을 찡그리며 자주자주 쫓아내어 탑과 절에서 멀리 떠나게 하오리다.
이와 같은 여러 가지의 악을 부처님의 교칙을 생각하는 고로 이같은 일을 마땅히 다 참으오리다. 모든 촌락이거나 성읍(城邑)에 그 법을 구하는 자가 있으면 우리는 다 그 곳에 이르러서 부처님께서 부촉하신 바의 법을 설하오리다.
나는 곧 세존의 사도로서 대중에 처하매, 두려울 바가 없이 내가 마땅히 법을 잘 설하오리니, 원컨대 부처님께서는 편안히 머무르시옵소서.
나는 세존과 모든 十方에서 오신 부처님 앞에서 이와 같이 맹세의 말을 하나이다. 부처님께서는 스스로 나의 마음을 아시오리다. 〈지품〉

唯願說之 유원설지

唯願說之 유원설지
我等當信受佛語 아등당신수불어

오직 원하옵나니 이를 설하옵소서. 우리들은 마땅히 부처님 말씀을 믿고 받으오리다. 〈여래수량품〉

唯願世尊 유원세존

唯願世尊 不以爲慮 유원세존 불이위려

我等　於佛滅後　　아등 어불멸후
當奉持讀誦說此經典　　당봉지독송설차경전
後惡世衆生　善根轉少　　후악세중생 선근전소
多增上慢貪利供養　　다증상만탐리공양
增不善根　遠離解脫　　증불선근 원리해탈
雖難可敎化　　수난가교화
我等當起大忍力　　아등당기대인력
讀誦此經　持說書寫　　독송차경 지설서사
種種供養不惜身命　　종종공양불석신명

오직 원컨대 세존이시여 근심하지 마옵소서. 우리들이 부처님께서 멸도하신 후에 마땅히 이 경전을 받들어 가지고 읽고 외우고 설하오리다. 후의 악한 세상의 중생은 선근이 적고 증상만이 많으며 이익의 공양을 탐내며 착하지 못한 일이 늘어 해탈에서 멀리 떠나 비록 교화하기는 어려울지라도 우리들이 마땅히 큰 인욕의 힘을 일으켜서 이 경을 읽고 외워 가지고 설하고 옮겨 쓰고 가지가지로 공양하되 신명(身命)을 아끼지 아니하오리다.

〈지품〉

有諸無智人 유제무지인

有諸無智人　유제무지인
惡口罵詈等　악구매리등
及加刀杖者　급가도장자
我等皆當忍　아등개당인

모든 지혜 없는 사람들이 악한 입으로 헐어 꾸짖으며 칼과 막대기로 때릴지라도 우리들은 모두 참겠나이다.

由提婆達多 유제바달다

由提婆達多　善知識故 유제바달다 선지식고

제바달다의 선지식이 있었기 때문이다. 〈제바달다품〉

柔和善順 유화선순

柔和善順 유화선순

부드럽게 화합하고 착하게 따르라.

六波羅密 육바라밀

보살(菩薩)에게는 생사의 바다를 건너는 수행(修行)으로
一. 남을 도와줄 것(布施)
二. 도덕을 굳게 지킬 것(持戒)
三. 어떤 고난도 참을 것(忍辱)
四. 산란한 마음을 가라앉힐 것(禪定)
五. 일심으로 노력할 것(精進)
六. 미망(迷妄)된 마음을 없이할 것(智慧)
의 여섯 가지를 들어 설하셨는데, 이것을 육바라밀(六波羅密)이라고 한다.

依諸經方 의제경방

依諸經方　求好藥草 의제경방 구호약초
色香美味　皆悉具足 색향미미 개실구족
擣篩和合　與子令服 도사화합 여자령복
而作是言　此大良藥 이작시언 차대양약
色香美味　皆悉具足 색향미미 개실구족
汝等可服　速除苦惱 여등가복 속제고뇌
無復衆患 무부중환

모든 방법에 의해서 좋은 약초의 빛과 향기와 아름다운 맛을 다 구족한 것을 구하여 방아에 찧고 체로 쳐서 화합하여 아들에게 주어 먹게 하고 이런 말을 하되 이는 크게 좋은 약이라 빛과 향기와 아름다운 맛을 다 구족하였으니 너희들은 잘 먹고 속히 고뇌를 제하고 다시 모든 환난을 없이하라. 〈여래수량품〉

疑悔永已 의회영이

疑悔永已盡 의회영이진
安住實智中 안주실지중

의심과 후회를 영원히 다 끊고
참된 지혜 가운데 편안히 머물다.

以求無上道 이구무상도

以求無上道 이구무상도

무상도를 구한다

以不眼觀 이불안관

以不眼觀　一切諸法 이불안관 일체제법
不可宣說　所以者何 불가선설 소이자하
知諸衆生　性欲不同 지제중생 성욕부동
種種說法 종종설법

부처님의 눈으로써 일체의 모든 법을 관하였으되 가히 선설하지 아니하였노라. 어찌하여 그러한고, 모든 중생의 성품과 욕망이 같지 아니함을 알았음이라. 성품과 욕망이 같지 아니하므로 가지가지로 법을 설함이니라.

〈무량의경 설법품〉

理事兼通 이사겸통

理事兼通　眞俗不礙 이사겸통 진속불애

일과 이치를 겸해서 통달해야 진속에 걸림 없는 삶을 살 수 있다.

離事顯理 이사현리

離事顯理 이사현리

일이 끝나면 이치가 드러난다.

以常見我故 이상견아고

以常見我故 이상견아고
而生憍恣心 이생교자심
放逸著五欲 방일착오욕
墮於惡道中 타어악도중

항상 나를 보는 까닭으로 교만하고 방자한 마음을 내며 방일하고 오욕에 착해서 악도 중에 떨어지느니라.
〈여래수량품〉

以誦習大 이송습대

以誦習大乘方等經故 이송습대승방등경고
卽於夢中 즉어몽중
見釋迦牟尼佛 견석가모니불
與諸大衆 在耆闍堀山 여제대중 재기사굴산
說法華經 演一實義 설법화경 연일실의

대승 방등경(方等經)을 외우고 익히는 까닭으로 곧 꿈 가운데 석가모니불께서 모든 대중과 함께 기사굴산에 계시사 법화경을 설하시어 일실(一實)의 뜻을 설하심을 봄이라.
〈관보현경〉

爾時多寶佛 이시다보불

爾時多寶佛 이시다보불
於寶塔中分半座 어보탑중분반좌
與釋迦牟尼佛 여석가모니불
而作是言 이작시언
釋迦牟尼佛 석가모니불
可就此座 가취차좌

그때, 다보불이 보탑 안의 자리를 반분하여 석가모니불에게 드리며, 이 자리에 앉으소서라고 청하였다.

爾時大會 이시대회

爾時大會聞佛說 이시대회문불설
壽命劫數長遠 수명겁수장원
如是無量無邊 여시무량무변
阿僧祇衆生得大饒益 아승지중생득대요익

그때, 대회중에서 부처님의 수명겁수의 장원함이 이와 같이 한량없고 끝이 없다는 설하심을 듣고 아승지의 중생이 크게 요익함을 얻음이라.

爾時羅睺 이시라후

爾時羅睺羅母耶輸陀羅比丘尼作是念
世尊於授記中獨不說我名

이시라후라모야수다라비구니작시념
세존어수기중독불설아명

그때, 라훌라의 어머니 야소다라는 이와 같이 생각하되, 세존께서 수기를 주시는 가운데 홀로 나의 이름을 설하지 아니하신다.

爾時佛放 이시불방

爾時佛放白毫一光
卽見東方五百萬億那由他恒河沙等
國土諸佛

이시불방백호일광
즉견동방오백만억나유타항하사등
국토제불

그때, 부처님께서 백호의 한 광명을 놓으시니 동방오백만억나유타항하사 등 국토의 모든 부처님을 친견함이라.

爾時佛放 이시불방

爾時佛放眉間白毫相光 이시불방미간백호상광
照東方萬八千世界 조동방만팔천세계

靡不周遍 미불주편
下至阿鼻地獄 하지아비지옥
上至阿迦尼吒天 상지아가니타천

이때, 부처님께서는 미간 백호상으로 광명을 놓으시어 동방으로 일만 팔천 세계를 두루 비추시니, 아래로는 아비지옥에 이르고 위로는 유정천에 이르렀다. 〈법화경 서품〉

爾時佛前 이시불전

爾時佛前有七寶塔 이시불전유칠보탑
高五百由旬 고오백유순
縱廣二百五十由旬 종광이백오십유순
從地踊出住在空中 종지용출주재공중

그때, 부처님 앞에 칠보탑이 있되 높이 오백유순 넓이 이백오십유순이며 지하에서 솟아나 공중에 머물러 있었다.

爾時釋迦 이시석가

爾時釋迦牟尼佛 이시석가모니불
從法座起現大神力 종법좌기현대신력
以右手摩無量 이우수마무량
菩薩摩訶薩頂 보살마하살정
而作是言 이작시언

그때, 석가모니불께서 법좌로부터 일어나시어 큰 신력을 나타내시니, 오른손으로 한량없는 보살마하살의 머리를 어루만지시고 이 말씀을 하시되……

爾時世尊 이시세존

爾時世尊　四衆圍遶
供養恭敬尊重讚歎　爲諸菩薩說大乘經
名無量義敎菩薩法佛所護念

이시세존　사중위요
공양공경존중찬탄　위제보살설대승경
명무량의교보살법불소호념

그때, 세존은 사부대중에게 둘러싸여 공양·공경·존중·찬탄을 받으며, 모든 보살들을 위하여 대승경을 설하시니, 이름이 무량의라. 이는 모든 보살을 가르치는 법이며 부처님이 호념하시는 바이니라.

爾時世尊 이시세존

爾時世尊
見學無學二千人其意柔軟寂然淸淨
一心觀佛

이시세존
견학무학이천인기의유연적연청정
일심관불

그때, 세존이 이천인의 배우는 사람과 다 배운 사람들

학무학인을 보시니, 그 뜻이 부드럽고 고요해서 청정하며 일심으로 부처님을 우러러봄이라.

爾時世尊 이시세존

爾時世尊	이시세존
一切衆生前	일체중생전
現大神力出廣長舌	현대신력출광장설
上至梵世	상지범세
皆悉徧照十方世界	개실편조시방세계

그때, 세존께서…… 일체 대중 앞에서 대신통력을 나타내시어 광장설을 내시니 위로는 범천에 이르고…… 모든 시방세계를 다 두루 비추었다.

爾時所化 이시소화

爾時所化無量恒河沙等衆生者
汝等諸比丘及我滅度後
未來世中聲聞弟子是也

이시소화무량항하사등중생자
여등제비구급아멸도후
미래세중성문제자시야

그때 교화한 한량없는 항하사의 중생들은 너희들 모든 비구와 내가 멸도한 후 미래세상의 성문제자가 이들이니라.

爾時阿難 이시아난

爾時阿難　羅睺羅 이시아난 라후라
而作是念 이작시념
我等每自思惟 아등매자사유
設得受記　不亦快乎 설득수기 불역쾌호

그때, 아난과 라후라는 우리에게도 수기가 주어진다면 얼마나 즐거울 것인가 하고 항상 생각했다.

爾時藥王 이시약왕

爾時藥王菩薩白佛言 이시약왕보살백불언
世尊　我今當與說法者 세존 아금당여설법자
陀羅尼呪以守護持 다라니주이수호지

그때, 약왕보살이 부처님께 말씀하되, 세존이시여, 내가 지금 마땅히 설법하는 자에게 다라니주를 주어서 수호하오리다.

爾時學無 이시학무

爾時學無學聲聞弟子二千人
皆從座起
如阿難羅睺羅所願　住立一面

이시학무학성문제자이천인

개종좌기
여아난라후라소원 주입일면

그때, 학·무학의 성문제자 이천인이 다 자리에서 일어나…… 아난과 라후라의 원과 같이 하고 한쪽에 머물러서 있음이라.

以深心念佛 이심심념불

以深心念佛 이심심념불
修持淨戒故 수지정계고
此等聞得佛 차등문득불
大喜充徧身 대희충편신
佛知彼心行 불지피심행
故爲說大乘 고위설대승
聲聞若菩薩 성문약보살
聞我所說法 문아소설법
乃至於一偈 내지어일게
皆成佛無疑 개성불무의

마음깊이 염불하고 청정계율 지킨불자 성불한단 말을듣고 큰기쁨이 온몸가득 부처님은 그맘알고 대승법을 설하노라 성문이나 보살들이 내가설한 법문듣고 한게송만 기억해도 성불함은 의심없다 〈법화경 서품〉

二十大弟子[103] 이십대제자

阿若憍陣如 · 摩訶迦葉 아야교진여 · 마하가섭
優樓賓螺迦葉 · 伽耶迦葉 우루빈나가섭 · 가야가섭
那提迦葉 · 舍利弗 나제가섭 · 사리불
大目犍蓮 · 摩訶迦旃延 대목건련 · 마하가전연
阿嵬樓駄 · 劫賓那 아누루타 · 겁빈나
憍梵波提 · 離婆多 교범바제 · 이바다
畢陵伽婆蹉 · 薄拘羅 필릉가바차 · 박구라
摩訶拘絺羅 · 難佗 마하구치라 · 난타
孫多羅難佗 · 富樓那 손다라난타 · 부루나
彌多羅尼子 · 須菩提 미다라니자 · 수보리
阿難 · 羅睺羅 아난 · 라후라

부처님의 설법을 듣고 가장 먼저 깨달은 아야교진여
의복, 음식, 집에 대한 탐욕과 집착을 떨쳐버린
두타제일 가섭존자
승단을 공양함에 제일가는 우루빈나 가섭
마음의 모든 번뇌를 항복 받은 가야 가섭
교화에 뛰어난 나제 가섭
지혜제일 사리불존자 신통제일 목건련존자
논의제일 마하가전연 천안제일 아로루타
천문과 역술에 뛰어난 겁빈나
계율에 대해 가장 밝은 교범바제
마음이 흔들리지 않는 이바다
경행과 좌선을 잘하는 필릉가바차

---

103) 실제는 22대제자이나 흔히 20대제자로 부름. 20대제자는 부처님의 능력을 각기 한 가지씩 분담하여 교화를 도왔던 유명한 스님들이다.

병없고 욕심없는 박구라
어려운 질문에 해답 잘하는 마하구치라
기쁨이 가득찬 난타
용모가 뛰어난 손다라 난타
설법제일 부루나 미다라니자
해공제일 수보리존자 다문제일 아난존자
밀행제일 라후라존자 〈法華經 序品〉

以惡業因緣 이악업인연

以惡業因緣 이악업인연
過阿僧祇劫 과아승지겁
不聞三寶名 불문삼보명

악업의 인연으로써 아승지겁이 지나도록 삼보(三寶)의 이름조차 듣지 못함이라. 〈여래수량품〉

以五濁惡世 이오탁악세

以五濁惡世 이오탁악세
但樂著諸欲 단락착제욕
如是等衆生 여시등중생
終不求佛道 종불구불도

오탁악세에는 다만 착심으로 모든 욕망을 즐기니 이같은 중생들은 끝내 불도를 구하지 아니하리라. 〈방편품〉

以一味雨 이일미우

以一味雨　潤於人華 이일미우 윤어인화

한 비의 맛으로 사람이나 꽃을 윤택하게 한다 〈약초유품〉

離諸欲染 이제욕염

離諸欲染　이제욕염

모든 욕심에 물드는 것을 여의어라.

而諸子等 이제자등

而諸子等　耽湎嬉戲 이제자등 탐면희희
不受我敎　將爲火害 불수아교 장위화해
卽便思惟　設諸方便 즉편사유 설제방편
告諸子等　我有種種 고제자등 아유종종
珍玩之具　妙寶好車 진완지구 묘보호거
羊車鹿車　大牛之車 양거록거 대우지거
今在門外　汝等出來 금재문외 여등출래
吾爲汝等　造作此車 오위여등 조작차거
隨意所樂　可以遊戲 수의소락 가이유희
諸子聞說　如此諸車 제자문설 여차제거
卽時奔競　馳走而出 즉시분경 치주이출

到於空地　離諸苦難 도어공지 이제고난
長者見子　得出火宅 장자견자 득출화택

모든 아들이 노는 데만 정신이 깊이 빠져서 나의 가르침을 받지 아니하니 장차 불에 타게 되리라. 다시 생각하여 모든 방편을 만들어서 모든 아들에게 이르되 내게 가지가지 진기한 물건과 묘한 보배로 만든 좋은 수레가 있으니 양의 수레, 사슴의 수레와 큰 소의 수레가 지금 문밖에 있으니 너희들은 뛰어나오라. 내가 너희들을 위해 이 수레를 만들었으니 마음대로 가져 즐기고 놀아라. 모든 아들은 이 같은 여러 가지 수레가 있다는 말을 듣고 즉시 뛰어나와 넓은 빈터에 이르러 모든 괴로움과 환난을 여의었느니라. 장자는 아들들이 불타는 집에서 뛰어나옴을 보았다.

以諸衆生有 이제중생유

以諸衆生有 이제중생유
種種性　種種欲 종종성 종종욕
種種行　種種憶 종종행 종종억
想分別故 상분별고
欲令生諸善根 욕령생제선근
以若干因緣譬喩言辭 이약간인연비유언사
種種說法 종종설법

모든 중생이 여러 가지의 성품·욕망·행·기억·생각함에 분별이 있는 까닭에 모든 선근을 심게 하고자 여러 가지의 인연과 비유와 말로써 가지가지의 법을 설했다.

而此經者 이차경자

而此經者　如來現在 이차경자 여래현재
猶多怨嫉　況滅度後 유다원질 황멸도후

이 경은 여래가 있는 현세에서도 오히려 원망과 질투가 많거늘 하물며 멸도한 후에랴. 〈법사품〉

以此難信 이차난신

以此難信之珠久在髻中 이차난신지주구재계중
不妄與人　而今與之 불망여인 이금여지
如來亦復如是 여래역부여시

이 믿기 어려운 구슬을 오랫동안 상투 속에 두고 함부로 사람에게 주지 않다가 지금 이를 줌이니, 여래도 또한 이와 같다.

人天乘[104] 인천승

人天福樂　長壽富貴 인천복락 장수부귀

인간이나 천상의 복락을 받아
장수 부귀하기를 바라는 사람들이다. 〈法華經 序品〉

---

104) 인천승은 복락, 장수, 부귀로 세상의 본이 되는 불교신자들이다.

一念頓悟 일념돈오

一念頓悟　我是如來 일념돈오 아시여래

나는 곧 여래다

一念三千[105] 일념삼천

四聖六凡十法界 사성육범십법계
各其十如百如是 각기십여백여시
百界又如一千是 백계우여일천시
加合三界如三千 가합삼계여삼천

4성 6범 10법계가
각기 10여시를 머금었으니 100여시가 되고
백계에 각기 10여시를 보태면 천여시가 되며
또 거기 3계(국토 · 중생 · 5음)를 보태면 3천이 된다.

〈戒環疏〉

一大事因緣[106] 일대사인연

欲令衆生　開佛知見 욕령중생 개불지견
欲示衆生　悟入知見 욕시중생 오입지견

중생들로 하여금 부처님의 지견을 열어 보이고

---

105) 한 생각이 삼천대천세계를 이루는 과정을 설했다.
106) 법왕이 열어 보인 네 가지 佛智見

깨달아 들게 하기 위해
내가 이 세상에 출현하였다. 〈法華經 方便品〉

一味雨[107] 일미우

覺皇道化　等如一雨 각황도화 등여일우

부처님의 도화는 단비와 같다. 〈法華經 藥草喩品〉

一佛乘[108] 일불승

唯有一乘法 유유일승법
無二亦無三 무이역무삼

오직 일승법만 있을 뿐
성문 · 연각 · 보살이 없느니라. 〈法華經 方便品〉

一乘眞實 일승진실

一乘眞實　三乘方便 일승진실 삼승방편

일승은 진실이요, 삼승은 방편이다.

107) 물은 어디에 가도 H_2O다.
108) 일불승은 오직 하나임을 밝힌 글

一時佛 일시불

一. 一一 1. 일이라는 일이여

天地之根　萬化之源 천지지근 만화지원
一一破二成三四 일일파이성삼사
從此乾坤混沌界 종차건곤혼돈계

천지의 뿌리이고 만물의 근원이네
하나 하나가 보태어 2·3·4를 형성했으니
이로부터 하늘 땅 혼돈세계가 만들어졌다. 〈冶父頌〉

二. 時時 2. 때라는 때여

如魚飮水冷煖知 여어음수냉난지
時時淸風明月隨 시시청풍명월수
桃紅李白薔薇紫 도홍이백장미자

고기가 물을 마셔보고 차고 더움을 스스로 안다.
때때로 맑은 바람 밝은 달이 따라오니
복숭화꽃 붉게 피고 오얏꽃은 희고 장미는 빨갛도다.
〈冶父頌〉

三. 佛佛 3. 부처라는 부처여

無面目說是非漢 무면목설시비한
一枝無孔笛 일지무공적

吹起太平歌　　취기태평가

면목이 없어 말하면 그가 아니네.
한 가지 구멍 없는 피리를 불어
태평세계를 노래한다네.　〈冶父頌〉

一心欲見佛 일심욕견불

一心欲見佛 일심욕견불
不自惜身命 부자석신명

일심으로 부처님을 친견하고자 스스로 신명을 아끼지 아니함이라.　〈여래수량품〉

一心精進 일심정진

一心精進　發堅固意 일심정진 발견고의

일심으로 정진하여 견고한 뜻을 일으키라.

一雲所雨 일운소우

一雲所雨　일운소우
稱其種性而得生長華　칭기종성이득생장화
果敷實雖一地所生　과부실수일지소생
一雨所 潤而諸　일우소 윤이제

草木各有差別 초목각유차별

같은 구름의 비에 그 종류와 성질에 맞추어 성장하며 꽃과 열매를 맺느니라. 비록 한 땅에서 나고 같은 비에 젖으나 모든 초목이 각각 차별이 있느니라.

一一文文 일일문문

一一文文是眞佛 일일문문시진불
眞佛說法利衆生 진불설법이중생

천태대사가 한 자 한 자가 다 진실로 부처님이요, 이 부처님의 설법이 중생을 제도하신다.

一者安住 일자안주

一者安住菩薩行處及親近處
能爲衆生演說是經

일자안주보살행처급친근처
능위중생연설시경

첫째는 보살이 행할 바와 친근할 바에 편안히 머물러서 능히 중생을 위하여 이 경을 설할지니라.

一地所生[109] 일지소생

一地所生　一雨所潤 일지소생 일우소윤

한 땅에서 자란 풀이 한 비에 빛이 난다.〈法華經 藥草喩品〉

一切菩薩 일체보살

一切菩薩 일체보살
阿耨多羅三藐三菩提 아뇩다라삼먁삼보리
皆屬此經 개속차경
此經開方便門 차경개방편문
示眞實相 시진실상

일체 보살의 아뇩다라삼먁삼보리는 다 이 경에 속함이니라. 이 경은 방편의 문을 열고 진실의 상을 보이느니라.
〈법사품〉

一切成就[110] 일체성취

菩薩願菩薩 보살원보살
辟支願辟支 벽지원벽지
羅漢大梵帝釋願 나한대범제석원
轉輪長壽建康願 전륜장수건강원

109) 땅과 佛心과의 관계
110) 사람에게는 누구에게나 소망이 있다. 그러나 그 소망을 몸과 입으로만 생각할 것이 아니라 마음으로 굳게 다지면서 법화경을 읽고 쓰면 반드시 그 소망이 이루어진다 하였다.

富貴智慧神通願 부귀지혜신통원
聰明才操淨土願 총명재조정토원
生子生女衆生願 생자생녀중생원
所願圓滿皆成就 소원원만개성취

보살을 원하면 보살이 되고
벽지불을 원하면 벽지불이 된다.
나한 · 대범 · 제석원　　전륜 · 장수 · 건강원
부귀 · 지혜 · 신통원　　총명 · 재주 · 정토원
생자 · 생녀 · 중생원　　모두가 원만 성취된다.

〈法華經陀羅尼品〉

一切業障海 일체업장해

一切業障海 일체업장해
皆從妄想生 개종망상생
若欲悔者 약욕회자
端坐思實相 단좌사실상
衆罪如霜露 중죄여상로
慧日能消除 혜일능소제

일체 바다와 같은 업장은 다 망상에서 남이라. 만일 참회하고자 하면 단정히 앉아서 실상(實相)을 생각하라. 여러 가지의 죄는 서리나 이슬과 같아서 지혜의 광명이 능히 녹이느니라.

〈관보현보살행법경〉

一切淨光 일체정광

一切淨光莊嚴國中 일체정광장엄국중
有一菩薩 유일보살
名曰妙音 명왈묘음
而悉成就甚深智慧 이실성취심심지혜
諸大三昧 제대삼매

일체정광장엄국 가운데에 한 보살이 있으니, 이름이 묘음이라…… 심히 깊은 지혜를 성취하고…… 모든 대삼매를 얻었다.

一切諸法 일체제법

一切諸法　空無所有 일체제법 공무소유
無有常住　亦無起滅 무유상주 역무기멸
是名智者　所親近處 시명지자 소친근처

일체의 모든 법은 비어 있는 바가 없어
항상 머물러 있는 것도 없고 또한 일어나고 멸함도 없다.
이것이 지혜 있는 자가 친히 중한 바이니라.

一切衆生 일체중생

一切衆生　皆示吾子 일체중생 개시오자
深著世樂　無有慧心 심착세락 무유혜심

일체중생은 모두 다 나의 아들이나 세상의 즐거움에 매우 집착하여 지혜의 마음이 조금도 없느니라.

一切智心 일체지심

一切智心極造 일체지심극조
禪定際道極造 선정제도극조

일체지는 마음의 끝을 보게 하고
선정은 마침내 도를 이룬다.

臨當被害 임당피해

臨當被害 임당피해
稱觀世音菩薩名者 칭관세음보살명자
彼所執刀杖 피소집도장
尋段段壞 而得解脫 심단단괴 이득해탈

해를 입게 될 때, 관세음보살의 명호를 부르면 다른 사람이 가지고 있는 칼과 막대기가 조각조각 부서져서 위기에서 벗어나게 되리라.

慈能與樂 자능여락

慈能與樂 悲能愍濟 자능여락 비능민제

慈는 능히 중생을 법으로 즐겁게 해주는 것이고
悲는 능히 미혹한 중생을 구제하는 것이다.

自伏貢高 자복공고

自伏貢高 發他仁善 자복공고 발타인선

스스로를 낮추고 남을 받들어 높여주어
어질고 착한 마음을 남을 위해 내라.

慈悲仁讓 자비인양

慈悲仁讓 志意和雅 자비인양 지의화아
能至菩提 능지보리

자비롭고 어질고 겸양하며 뜻이 화하고 아름다워 능히 보리에 이름이라. 〈제바달다품〉

自我得佛來 자아득불래

自我得佛來 자아득불래
所經諸劫數 소경제겁수
無量百千萬億載阿僧祇劫 무량백천만억재아승지겁

내가 성불해 옴으로부터 지낸 바의 모든 겁수는 한량이 없는 百千만억 아승지라. 〈여래수량품〉

自從是來 자종시래

自從是來　我常在此娑婆世界說法敎化
亦於餘處百千萬億那由他阿僧祇國
導利衆生

자종시래 아상재차사바세계설법교화
역어여처백천만억나유타아승지국
도리중생

이때부터 나는 항상 이 사바세계에 있어 법을 설하여 교화하며, 또 다른 백천만억나유타아승지의 나라에서도 중생을 인도하여 이익되게 했노라.

障怖永離 장포영리

障怖永離　優遊自在 장포영리 우유자재

장애와 두려움을 영원히 떠나면
자유롭게 지혜 광명 속에서 노닌다.

在在諸佛土 재재제불토

在在諸佛土 재재제불토
常與師俱生 상여사구생

곳곳마다의 모든 국토에서 항상 스승과 함께 남이라.
〈화성유품〉

正·像·季[111)] 정법·상법·계법

正法具敎理行果 정법구교리행과
像法有三無一果 상법유삼무일과
季法荒唐無行果 계법황당무행과
如是一代三分法 여시일대삼분법

정법은 교·리·행·과를 갖추고
상법은 교·리·행은 있으나 과가 없고
계법은 황당무계하여 행·과가 없다.
이렇게 일대의 불법을 셋으로 나누어 본다. 〈戒環疏〉

正法治國 정법치국

正法治國 不邪枉人民 정법치국 불사왕인민

정법으로 나라를 다스려서 인민을 삿되게 다루지 말지니라. 〈보현보살행법경〉

正像佛敎[112)] 정상불교

解脫禪定正千年 해탈선정정천년
多聞塔像又千年 다문탑상우천년
堅固鬪諍一萬年 견고투쟁일만년

---

111) 무엇이고 생겨나면 처음과 중간, 끝이 있기 마련이다.
112) 정상불교의 시말(始末). 5濁은 劫濁·見濁·煩惱濁·衆生濁·命濁

特希末世五濁惡 특희말세오탁악

해탈 선정 정법천년
다문 탑상 또 천년
견고 투쟁 1만년
특히 말세에는 다섯 가지가 탁해질 것이다. 〈戒環疏〉

正身 정신

正身 正語 正意 大悲 정신 정어 정의 대비

바른 몸과 바른 말과 바른 뜻으로 큰 자비심을 내면 安樂하다.

靜心不雜 정심부잡

靜心不雜 進道不倦 정심부잡 진도불권

고요한 마음은 잡되지 않고 도에 나아가면 게으르지 않다.

淨心信敬 정심신경

淨心信敬 不生疑惑 정심신경 불생의혹

깨끗한 마음으로 믿고 공경하여 의혹을 내지 아니하면
연꽃 위에 화생하리라.

靜與道合 정여도합

靜與道合　動與神會 정여도합 동여신회

고요하면 도와 합하고
움직이면 신통하게 안다.

情存妙法故 정존묘법고

情存妙法故 정존묘법고
身心無懈倦 신심무해권

뜻이 묘법에 있는 고로 몸과 마음에 게으름이 없었느니라.

〈제바달다품〉

正直捨方便 정직사방편

正直捨方便 정직사방편
但說無上道 단설무상도

방편을 버리고 정직하게 다만 무상도를 설하노라.

〈방편품〉

正顯實[113] 바로 진실을 밝힘

諸佛語無異 제불어무이
要當說眞實 요당설진실
逮得涅槃者 체득열반자
引之會得出 인지회득출

모든 부처님들은 다른 말을 하지 않는다.
오직 진실만 말씀하신다.
이를 깨달은 사람만이 열반을 얻어
집착중생들을 이끌어 벗어나게 한다. 〈法華經 方便品〉

諸經法中 제경법중

諸經法中 最爲照明 제경법중 최위조명
圓融廓徹 如月之明 원융확철 여월지명

법화경은 모든 경과 법 가운데에서
가장 밝게 비치니 원융 확철하여 밝은 달빛과 같다.

諸苦所因 제고소인

諸苦所因 貪欲爲本 제고소인 탐욕위본
若滅貪欲 無所依止 약멸탐욕 무소의지

113) 진실만이 바르다.

모든 고의 인(因)은 탐욕이 근본이 됨이니 만일 탐욕을 멸하면 의지할 바가 없으리라. 〈비유품〉

題目奉唱[114] 제목봉창

南無妙法蓮華經 나무묘법연화경
百萬阿僧重罪消 백만아승중죄소
一聲八萬那由他 일성팔만나유타
六度萬行功德倍 육도만행공덕배

"나무묘법연화경"을 외우면
백만아승지겁의 중죄가 소멸되고
한 번 불러도 팔만나유타겁에
6도만행을 닦은 것보다 그 공덕이 몇 배가 된다.
〈妙法綱領文〉

諸法本來寂 제법본래적

諸法本來寂 제법본래적
代謝不住 念念生滅 대사부주 염념생멸

모든 법이 본래부터 공적하건마는 바꾸어 말해서 머무르지 아니하며 순간순간에 나고 멸한다고 설하였노라.
〈무량의경 설법품〉

114) 다른 불교에서는 부처님 이름이나 보살 이름을 가지고 정근하는데, 법화종에서는 「나무묘법연화경」이란 이름을 가지고 정근한다.

諸法實相[115] 제법실상

松直棘曲　鵠白烏黑 송직극곡 곡백오흑
竹如是翠　花如是黃 죽여시취 화여시황

소나무는 곧고, 가시넝쿨은 굽으며
해오라기는 희고, 까마귀는 검고
대나무는 푸르고, 꽃은 누렇다. 〈戒環疏〉

諸法從本來 제법종본래

諸法從本來 제법종본래
常自寂滅相 상자적멸상
佛子行道已 불자행도이
來世得作佛 내세득작불

모든 법은 본래부터 항상 스스로 적멸의 상이니
불자가 도를 행하여 마치면 내세에 성불 하느니라

除佛滅度 제불멸도

除佛滅度後現前無佛 제불멸도후현전무불
所以者何　佛滅度後 소이자하 불멸도후
如是等經 여시등경

115) 모든 법은 참 모습으로 나타난 그 자리에서 바로 진실을 찾을 수 있다.

受持讀誦解義者　　수지독송해의자
是人難得　若遇餘佛　시인난득 약우여불
於此法中便得決了　　어차법중편득결료

부처님이 멸도하시고 계시지 않을 때에는 제외할지니, 왜냐하면 부처님이 멸도하신 후에는 이 법화경을 받아가지고 읽고 외우며 그 뜻을 잘 아는 사람을 만나기 어렵고, 만일 다른 부처님을 만난다 할지라도 이 법에서만이 분명하게 깨달음을 얻으리라. 〈법화경 서품〉

諸佛滅度已 제불멸도이

諸佛滅度已 제불멸도이
供養舍利者 공양사리자
起萬億種塔 기만억종탑
金銀及玻瓈 금은급파려
硨磲與瑪瑙 차거여마노
玫瑰琉璃珠 매괴유리주
淸淨廣嚴飾 청정광엄식
莊校於諸塔 장교어제탑
或有起石廟 혹유기석묘
栴檀及沈水 전단급침수
木櫁幷餘材 목밀병여재
甎瓦泥土等 전와니토등
若於曠野中 약어광야중
積土成佛廟 적토성불묘

乃至童子戲 내지동자희
聚沙爲佛塔 취사위불탑
如是諸人等 여시제인등
皆已成佛道 개이성불도
若人爲佛故 약인위불고
建立諸形像 건립제형상
刻彫成衆相 각조성중상
皆已成佛道 개이성불도
或以七寶成 혹이칠보성
鍮鉐赤白銅 유석적백동
白鑞及鉛錫 백랍급연석
鐵木及與泥 철목급여니
或以膠漆布 혹이교칠포
嚴飾作佛像 엄식작불상
如是諸人等 여시제인등
皆已成佛道 개이성불도
彩畫作佛像 채화작불상
百福莊嚴相 백복장엄상
自作若使人 자작약사인
皆已成佛道 개이성불도
乃至童子戲 내지동자희
若草木及筆 약초목급필
或以指爪甲 혹이지조갑
而畫作佛像 이화작불상
如是諸人等 여시제인등

漸漸積功德 점점적공덕
具足大悲心 구족대비심
皆已成佛道 개이성불도
但化諸菩薩 단화제보살
度脫無量衆 도탈무량중
若人於塔廟 약인어탑묘
寶像及畫像 보상급화상
以華香幡蓋 이화향번개
敬心而供養 경심이공양
若使人作樂 약사인작악
擊鼓吹角貝 격고취각패
簫笛琴箜篌 소적금공후
琵琶鐃銅鈸 비파요동발
如是衆妙音 여시중묘음
盡持以供養 진지이공양
或以歡喜心 혹이환희심
歌唄頌佛德 가패송불덕
乃至一小音 내지일소음
皆已成佛道 개이성불도
若人散亂心 약인산란심
乃至以一華 내지이일화
供養於畫像 공양어화상
漸見無數佛 점견무수불
或有人禮拜 혹유인예배
或復但合掌 혹부단합장

乃至擧一手 내지거일수
或復小低頭 혹부소저두
以此供養像 이차공양상
漸見無量佛 점견무량불
自成無上道 자성무상도
廣度無數衆 광도무수중
入無餘涅槃 입무여열반
如薪盡火滅 여신진화멸

부처님들 열반한뒤 불사리에 공양하려 만억종류 탑을세워 금과은과 수정들과 자거마노 매괴들과 아름다운 진주구슬 맑고크고 깨끗하게 모든탑을 장식하고 혹은돌로 탑을짓고 전단향과 침수향과 여러나무 다른재목 기와벽돌 진흙으로 넓고좋은 들판에다 흙을쌓아 절지으며 아이들이 장난으로 흙모래로 탑세우면 이와같은 사람들도 이미 모두 성불했네 어떤사람 부처위해 여러형상 세우거나 부처님상 조각하면 그들모두 성불했고 일곱가지 보석이나 혹은놋쇠 백동들과 납과주석 쇳덩이나 나무들과 진흙으로 부처님상 조성하여 아교로써 옻칠하면 이와같은 사람들도 모두성불 하였노라 채색으로 그린불상 아름다운 원만상을 제가하나 남시키나 모두이미 성불했고 아이들이 장난삼아 풀과나무 붓이거나 꼬챙이나 손톱으로 부처모양 그리며는 이와같은 여러사람 그공덕이 점점쌓여 큰자비심 갖추어서 모두성불 하였으니 모든보살 교화하고 무량중생 건졌노라 어떤사람 탑과절과 불상이나 불화앞에 꽃과향과 깃발로써 일심으로 공양하며 악사시켜 풍악치고 북도치고 소라불며 퉁소피리 거문고나 비파징과 바라들로 이와같은 묘한음악 정성으로 공양하며 기뻐하는 마음으로 노래불러 찬탄하되 한마디만 하더라도 모두성불

하였노라 어떤사람 산란하고 어지러운 마음으로 꽃한송이 정성다해 불상앞에 공양해도 이와같은 인연으로 많은 부처 뵙게되며 어떤사람 부처님께 예배커나 합장하며 손한번을 든다거나 머리한번 숙이어도 이런공양 하는이도 무량부처 친견하고 깨달음을 이루어서 많은중생 제도하여 섶다타면 불꺼지듯 무여열반 들게하네 〈법화경 서품〉

諸佛方便力 제불방편력

諸佛方便力 제불방편력
分別說三乘 분별설삼승
唯有一佛乘 유유일불승

모든 부처님은 방편력을 가지고 분별하여 삼승을 설하심이나 오직 일불승만이 있을 뿐이라. 〈화성유품〉

諸佛本誓願 제불본서원

諸佛本誓願 제불본서원
我所行佛道 아소행불도
普欲令衆生 보욕령중생
亦同得此道 역동득차도

모든 부처님의 본래 서원이 내가 행한 바의 불도를 널리 중생으로 하여금 또한 같이 얻게 하고자 함이니라.
〈방편품〉

諸佛世尊 제불세존

諸佛世尊	제불세존
唯以一大事因緣故	유이일대사인연고
出現於世　舍利弗	출현어세 사리불
云何名　諸佛世尊	운하명 제불세존
唯以一大事因緣故	유이일대사인연고
出現於世　諸佛世尊	출현어세 제불세존
欲令衆生　開佛知見	욕령중생 개불지견
使得淸淨故　出現於世	사득청정고 출현어세
欲示衆生　佛知見故	욕시중생 불지견고
出現於世　欲令衆生	출현어세 욕령중생
悟佛知見故　出現於世	오불지견고 출현어세
欲令衆生	욕령중생
入佛知見道故	입불지견도고
出現於世　舍利弗	출현어세 사리불
是爲諸佛	시위제불
唯以一大事因緣故	유이일대사인연고
出現於世	출현어세

모든 부처님께서는 오직 일대사(一大事)의 인연을 가지고 세상을 출현하시느니라.
사리불아, 어찌하여 모든 부처님 세존이 오직 일대사 인연을 가지고 세상에 출현하신다 하는고.
모든 부처님 세존이 중생으로 하여금 부처님의 지견을 열어 주사 청정함을 얻게 하고자 세상에 출현하시며 중생에게 부처님 지견을 보여주고자 세상에 출현하시며 중생으로 하여금 부처님의 지견을 깨닫게 하고자 세상에 출현하시며 중생으로 하여금 부처님의 지견도(知見道)에 들여놓고자 하므로 세상에 출현하시느니라.
사리불아, 이것이 모든 부처님께서 일대사 인연을 쓰는 고로 세상에 출현하신다고 함이니라. 〈방편품〉

諸佛世尊 제불세존

諸佛世尊　雖以方便 제불세존 수이방편
所化衆生　皆是菩薩 소화중생 개시보살

모든 부처님 세존이 방편으로 중생을 교화하시나니, 이는 다 보살이라. 〈비유품〉

諸佛世尊 제불세존

諸佛世尊
欲令衆生開佛知見使得淸淨故出現於世

제불세존
욕령중생개불지견사득청정고출현어세

제불세존은 중생으로 하여금 불지견을 열어 청정함을 얻게 하고자 세상에 출현한 것이다.

諸佛如來 제불여래

諸佛如來　言無虛妄 제불여래 언무허망
無有餘乘　唯一佛乘 무유여승 유일불승

모든 부처님의 말씀은 허망함이 없느니라. 다른 법이 없고 오직 일불승만이 있을 뿐이니라. 〈방편품〉

諸佛與出世 제불여출세

諸佛與出世 제불여출세
懸遠值遇難 현원치우난
正使出于世 정편출우세
說是法得難 설시법득난
無量無數劫 무량무수겁
聞是法亦難 문시법역난
能聽是法者 능청시법자
斯人亦復難 사인역부난

모든 부처님이 세상에 나오심이 멀고멀어 만나기가 어려우니라. 설혹 세상에 출현하셨을지라도 이 법을 설하기가 어려우며, 한량없고 수없는 겁에 이 법을 듣기도 또한 어려우며, 능히 이 법을 듣고자하는 사람도 있기 어려우리라. 〈방편품〉

諸佛以方 제불이방

諸佛以方便力 제불이방편력
於一佛乘分別說三 어일불승분별설삼
舍利弗　若我弟子 사리불 약아제자
自謂阿羅漢辟支佛者 자위아라한벽지불자
不聞不知諸佛如來 불문부지제불여래
但敎化菩薩事 단교화보살사
此非佛弟子　非阿羅漢 차비불제자 비아라한
非辟支佛 비벽지불

모든 부처님께서는 최고의 진리를 즉시 설하시지 않으시고 방편의 힘으로 일불승밖에 없는 것을 각자의 능력에 따라 삼승으로 나누어 설하시느니라.
사리불아, 만일 나의 제자가 스스로 아라한이나 벽지불이라고 말하더라도 모든 부처님께서 보살을 교화하시는 방편의 가르침을 듣지 못하고 알지 못한다면, 이는 부처님의 제자가 아니며 아라한이 아니며 벽지불도 아니니라.
〈법화경 서품〉

諸佛智慧 제불지혜

諸佛智慧甚深無量 제불지혜심심무량
其智慧門難解難入 기지혜문난해난입
一切聲聞辟支佛所不能知 일체성문벽지불소불능지

모든 부처님의 지혜는 심히 깊고 한량이 없다. 그 지혜의 문은 알기 어렵고 들어가기도 어렵나니, 일체의 성문·벽지불이 능히 알지 못한다.

諸佛出世 제불출세

諸佛出世　難可値遇 제불출세 난가치우
所以者何　諸薄德人 소이자하 제박덕인
過無量百千萬億劫 과무량백천만억겁
或有見佛　或不見者 혹유견불 혹불견자

모든 부처님이 세상에 나오심을 만나기가 어렵다고 함이니라. 어찌하여 그러한고, 모든 박덕한 사람은 한량 없는 백천만억겁을 지나서 혹은 부처님을 친견한 자도 있고 혹은 친견하지 못한 자도 있음이라. 〈여래수량품〉

諸佛出於世 제불출어세

諸佛出於世 제불출어세
唯此一事實 유차일사실
餘二則非眞 여이즉비진
終不以小乘 종불이소승
濟度於衆生 제도어중생

모든 부처님이 세상에 출현하심은 오직 이 일승법만이 진실이니, 달리 둘이 있다면 진실이 아니니라. 끝까지 소승으로 중생을 제도하지 아니하느니라. 〈방편품〉

諸佛興出世 제불흥출세

諸佛興出世 제불흥출세
懸遠値遇難 현원치우난
正使出于世 정사출우세
說是法復難 설시법부난
無量無數劫 무량무수겁
聞是法亦難 문시법역난
能聽是法者 능청시법자
斯人亦復難 사인역부난
譬如優曇華 비여우담화
一切皆愛樂 일체개애악
天人所希有 천인소희유
時時乃一出 시시내일출
聞法歡喜讚 문법환희찬
乃至發一言 내지발일언
則爲已供養 즉위이공양
一切三世佛 일체삼세불
是人甚希有 시인심희유
過於優曇華 과어우담화

여러부처 출현하심 만나뵙기 어려우며 이세상에 출현해도 이런법문 더어렵고 한량없는 무량겁에 이법듣기 또어려워 들을줄을 아는사람 이는더욱 어렵도다 우담발화 꽃이피면 일체모두 즐겁지만 하늘인간 기다리라 때가되야 한번핀다 법을듣고 기뻐하며 찬탄의말 한번해도 모든삼

세 부처님께 공양함이 되는고로 이런사람 매우귀해 우담발화 꽃과같네 〈법화경 서품〉

諸比丘 제비구

諸比丘　如來難可得見 제비구 여래난가득견
斯衆生等　聞如是語 사중생등 문여시어
必當生於難遭之想 필당생어난조지상
心懷戀慕渴仰於佛 심회연모갈앙어불
便種善根　是故如來 편종선근 시고여래
雖不實滅　而言滅度 수불실멸 이언멸도

모든 비구야, 여래를 얻어 보기가 어렵다고 하면 이 중생들이 이 말을 듣고 반드시 만나기 어렵다는 생각을 내어서 마땅히 마음에 연모하는 생각을 품고 부처님을 갈앙해서 곧 선근을 심으리니, 이런고로 실로 멸도하지 않건마는 그러나 멸도한다고 말하느니라. 〈여래수량품〉

諸比丘衆 제비구중

諸比丘衆　今告汝等 제비구중 금고여등
皆當一心　聽我所說 개당일심 청아소설
我大弟子　須菩提者 아대제자 수보리자
當得作佛 당득작불

모든 비구들아, 지금 너희들에게 이르노니 일심으로 나

의 설하는 바를 들으라. 나의 제자 수보리는 마땅히 성불하리니.

諸比丘衆 제비구중

諸比丘衆　皆一心聽 제비구중 개일심청
如我所說　眞實無異 여아소설 진실무이
是迦旃延　當以種種 시가전연 당이종종
妙好供具　供養諸佛 묘호공구 공양제불

모든 비구대중은 다 일심으로 들을지니, 내가 설하는 바는 진실하여 다름이 없느니라. 가전연은 갖가지 묘하고도 좋은 공양구로 모든 부처님을 공양한다.

諸比丘諦聽 제비구체청

諸比丘諦聽 제비구체청
佛子所行道 불자소행도
善學方便故 선학방편고
不可得思議 불가득사의

모든 비구들아, 자세히 들으라. 불자가 행하는 도는 방편을 잘 배운 까닭이니, 너희는 가히 생각하기 어려우니라.

諸善男子 제선남자

諸善男子　汝等當信解 제선남자 여등당신해
如來誠諦之語 여래성체지어

모든 선남자야, 너희들은 마땅히 여래의 진실히 밝히는 말씀을 믿고 해석할지니라. 〈여래수량품〉

諸惡業刺 제악업자

諸惡業刺　從舌根出 제악업자 종설근출
斷正法輪　從此舌起 단정법륜 종차설기

모든 악업의 가시는 설근에서 나왔나이다. 바른 법륜을 끊는 것도 이 혀로부터 일어남이니. 〈보현보살행법경〉

第五 安樂行品 제오 안락행품

第五 安樂行品・涌出品・ 제오 안락행품・용출품・
如來壽量品・功德品 여래수량품・공덕품
三千二百二十五 삼천이백이십오
二千七百五十七 이천칠백오십칠
二千空一十八言 이천공일십팔언
二千六百六十二 이천육백육십이

第六 隨喜・法師・不輕・ 제육 수희・법사・불경・
神力・囑累・藥王品 신력・촉루・약왕품
一千三百空五言 일천삼백공오언
三千五十九字言 삼천오십구자언
一千四百九十五 일천사백구십오
一千一百一十四 일천일백일십사
四百六十三字言 사백육십삼자언
二千七百八十六 이천칠백팔십육

第七 妙音・觀音・陀羅尼・ 제칠 묘음・관음・다라니・
妙莊本事・勸發品 묘장본사・권발품
二千六十九字言 이천육십구자언
二千空八十字言 이천팔백십자언

一千二百二十七 일천이백이십칠
一千七百一十四 일천칠백일십사
一千六百八十一 일천육백팔십일
但只除目四百十 단지제목사백십

제5권 안락행품・종지용출품・여래수량품
분별공덕품 10662자
안락행품 3225자 종지용출품 2757자
여래수량품 2018자 분별공덕품 2662자
제6권 수희공덕품・법사공덕품・상불경보살품

여래신력품 · 촉루품 · 약왕보살본사품 10222자
수희공덕품 1305자 법사공덕품 3059자
상불경보살품 1495자 여래신력품 1114자
촉루품 463자 약왕보살본사품 2786자

제7권 묘음보살품 · 관세음보살보문품 · 다라니품
묘장엄왕본사품 · 보현보살권발품 8771자
묘음보살품 2069자 관세음보살보문품 2080자
다라니품 1227자 묘장엄왕본사품 1714자
보현보살권발품 1681자

〈日. 中算116)撰 妙法蓮華經 釋文卷上〉

諸人今當智 제인금당지

諸人今當智 제인금당지
合掌一心待 합장일심대
佛當雨法雨 불당우법우
充足求道者 충족구도자

모든 사람들아, 이제 마땅히 알지니 합장하고 일심으로 기다려라. 부처님께서 법의 비를 내려 도를 구하는 이를 충족케 하리라.

116) 중산은 일본 불교의 법화학자

諸衆生 제중생

諸衆生　有種種性　제중생 유종종성
種種欲　種種行　종종욕 종종행
種種憶想　分別故　종종억상 분별고
欲令生諸善根　욕령생제선근
以若干因緣　이약간인연
譬諭言辭　種種說法　비유언사 종종설법
所作佛事　未曾暫廢　소작불사 미증잠폐

모든 중생의 가지가지의 성품과 가지가지의 욕망과 가지가지의 행과 가지가지의 기억하고 생각함이 분별이 있는 고로, 모든 선근(善根)을 나게 하고자 여러 가지의 인연과 비유와 말로써 가지가지의 법을 설하며 부처님의 일을 하되 일찍이 잠시도 쉬지 아니하느니라. 〈수량품〉

諸天晝夜 제천주야

諸天晝夜　常爲法故　제천주야 상위법고
而衛護之　이위호지

모든 하늘이 주야로 항상 법을 위하는 고로 이를 위호(衛護)한다. 〈안락행품〉

從冥入於冥 종명입어명

從冥入於冥 종명입어명
永不聞佛名 영불문불명

어둠에서 어둠으로 들어가 오래도록 부처님의 이름조차 듣지 못했나이다 〈화성유품〉

種種說法 종종설법

種種說法 以方便力 종종설법 이방편력
四十餘年 未顯眞實 사십여년 미현진실
是故衆生 得道差別 시고중생 득도차별
不得疾成 無上菩提 부득질성 무상보리

가지가지의 법을 설하되 방편력으로써 하였으니 四十여년에 아직 진실을 나타내지 아니하였노라. 이런고로 중생이 도를 얻음에도 차별이 있어 속히 무상보리를 이룩하지 못함이라. 〈무량의경 설법품〉

衆生見劫盡 중생견겁진

衆生見劫盡 중생견겁진
大火所燒時 대화소소시
我此土安穩 아차토안온
天人常充滿 천인상충만

園林諸堂閣 원림제당각
種種寶莊嚴 종종보장엄
寶樹多花果 보수다화과
衆生所遊樂 중생소유락
諸天擊天鼓 제천격천고
常作衆伎樂 상작중기악
雨曼陀羅華 우만다라화
散佛及大衆 산불급대중
我淨土不毁 아정토불훼
而衆見燒盡 이중견소진
憂怖諸苦惱 우포제고뇌
如是悉充滿 여시실충만

중생이 겁이 다하여 큰 불에 타려 할 때에도 나의 이 땅은 안온하고 천인(天人)이 항상 가득 참이라. 원림과 모든 당각은 가지가지의 보배로 장엄되고 보배나무에는 꽃과 열매가 많아 중생이 즐거이 놀 곳이니라. 모든 하늘이 하늘북을 치고 항상 여러 가지의 기악을 지으며 만다라의 꽃을 내려 부처님과 대중에게 흩음이라. 나의 정토(淨土)는 헐리지 않건마는 그러나 중생은 불에 다 타니 근심과 두려움과 모든 괴로움이 이와 같이 가득 참을 봄이라.

〈여래수량품〉

衆生旣信伏 중생기신복

衆生旣信伏 중생기신복
質直意柔輭 질직의유연

一心欲見佛 일심욕견불
不自惜身命 부자석신명
時我及衆僧 시아급중승
俱出靈鷲山 구출영축산

중생이 이미 신복(信伏)하여 질직(質直)해서 뜻이 부드러우며 일심으로 부처님을 친견하고자 스스로 신명을 아끼지 아니함이라. 이 때 나와 여러 중승(衆僧)이 함께 영축산에 나왔다.

〈여래수량품〉

衆生濁 중생탁

衆生濁 窮無福慧 중생탁 궁무복혜
命 濁 生死不斷 명 탁 생사부단
煩惱濁 着欲盲冥 번뇌탁 착욕맹명
劫 濁 不求佛法 겁 탁 불구불법
見 濁 深入邪見 견 탁 심입사견

빈궁하여 복과 지혜가 없음을 중생탁이라 하고
생사의 험한 고를 끊지 못하는 것을 명탁이라 하며,
눈멀고 어두워 오욕에 집착하는 것을 번뇌탁이라 하고
부처님의 법을 구하지 않는 것을 겁탁이라 하며,
깊이 사견에 들어가는 것을 견탁이라 하느니라.

그러므로 우리는 五濁惡世에 살면서도
항상 부처님의 바른 정법을 갈구해야 한다.

卽時諸天 즉시제천

卽時諸天於虛空中 즉시제천어허공중
高聲唱言 고성창언
娑婆　是中有佛 사바 시중유불
名釋迦牟尼 명석가모니

곧 이때, 모든 하늘이 허공 가운데서 큰 소리로 불러 말하되…… 사바세계의 가운데 부처님이 계시니, 석가모니이다.

證道歌 증도가

無明實性卽成佛 무명실성즉성불
幻化空身卽法身 환화공신즉법신

무명실성이 곧 불성이고
환화공신이 곧 법신이다. 〈永嘉眞覺大師〉[117)]

證智斷惑 증지단혹

證智斷惑 증지단혹

지혜를 증득하여 미혹을 단절한다

---

117) 영가진각대사는 육조스님의 제자로 홀로 깨달음을 얻어 인증을 받은 위대한 인격자다. 그가 깨달은 선리(禪理)가 법화사상과 일맥상통한다.

智境不二 지혜와 경계는 둘이 아니다

一光東照　智境全彰 일광동조 지경전창

한 빛이 동쪽을 비치니
지혜와 경계가 한꺼번에 드러났다. 〈中. 天台智顗〉

志念力堅固 지념력견고

志念力堅固 지념력견고
常勤求智慧 상근구지혜

뜻과 그 생각하는 힘을 견고히 하여
항상 지혜를 부지런히 구하라.

知樂小者 지락소자

知樂小者　以方便力 지락소자 이방편력
調伏其心　乃敎大智 조복기심 내교대지

작은 법을 즐겨함을 아시고 방편력으로써 그 마음을 조복하신 후 큰 지혜를 가르치시나이다. 〈신해품〉

持法華經者 지법화경자

持法華經者 지법화경자

若有惡口罵詈誹謗　　약유악구매리비방
獲大罪報　如前所說　획대죄보 여전소설

「법화경」을 수지한 자를 악한 입으로 꾸짖고 비방하면 큰 죄보를 받을 것임을 앞에서 설한 바와 같다.

至善樂師[118)] 지극히 아름다운 악사들

樂乾闥婆樂音王　악건달바악음왕
美乾闥婆美音王　미건달바미음왕

냄새 맡고 악기 잘 타는 악건달바왕
노래도 잘하고 무용도 잘하는 악음건달바왕
장구치고 현악 잘하는 미건달바왕
아름답고 소리 잘하는 미음건달바왕　〈法華經 序品〉

止止不須說 지지불수설

止止不須說　지지불수설
我法妙難思　아법묘난사
諸增上慢者　제증상만자
聞必不敬信　문필불경신

그만두라 그만두라 설하지 않겠노라 나의 법은 미묘하여 생각조차 어려우니 오만한 무리들은 가르침을 듣더라도 공경하고 믿는마음 일으키지 않으리라　〈법화경 서품〉

118) 건달바는 악기 잘 타는 악사들이다.

持此經者 지차경자

持此經者　卽持佛身 지차경자 즉지불신
卽行佛事　當知是人 즉행불사 당지시인
卽是諸佛所使 즉시제불소사
諸佛世尊　衣之所覆 제불세존 의지소복
諸佛如來　眞實法子 제불여래 진실법자
汝行大乘　不斷法種 여행대승 부단법종

이 경을 가지는 자는 곧 부처님의 몸을 가지고 곧 부처님의 일을 행함이니라. 마땅히 알라. 이 사람은 곧 모든 부처님의 사도(使徒)라, 모든 부처님 세존의 옷으로 덮였으며, 모든 부처님 여래의 진실한 법의 아들이다. 네가 대승을 행하여 법의 종자가 끊어지지 않게 하라.

〈관보현경〉

智慧利根 지혜리근

智慧利根善知衆生 지혜리근선지중생
諸根行業得陀羅尼 제근행업득다라니
諸佛所說甚深祕藏 제불소설심심비장
悉能受持深入禪定 실능수지심입선정
了達諸法於刹那頃 요달제법어찰나경
發菩提心得不退轉 발보리심득불퇴전

지혜롭고 근기가 날카로우면 중생의 모든 근기와 행업을 잘 알고 다라니를 얻어서 모든 부처님께서 설하신 심히 깊은 祕藏을 다 능히 받아 가지고 깊이 선정에 들어 모든 법을 요달하고 찰나 사이에 보리심을 발하면 불퇴전을 얻으리라.

智慧方便 지혜방편

智慧方便　三界火宅 지혜방편 삼계화택
拔濟衆生　爲說三乘 발제중생 위설삼승

지혜와 방편으로써 삼계와 화택에서
중생을 빼내어 제도하기 위하여 삼승을 설하였느니라.

智慧寶藏 지혜보장

智慧寶藏　忍辱慈悲 지혜보장 인욕자비

지혜의 보장은 인욕과 큰 자비로
세상을 교화하는 것이다.

眞以息妄 진이식망

眞以息妄　淨以治染 진이식망 정이치염
智以破惑　悲以拔苦 지이파혹 비이발고
慈以與樂 자이여락

진실로써 망녕됨을 쉬게 하고

깨끗함으로써 물듦을 다스리며
지혜로써 미혹함을 타파하고
불쌍히 여김으로써 고통을 뽑아 주며
사랑으로써 즐거움을 함께 한다.

質直無僞 질직무위

質直無僞　志念堅固 질직무위 지념견고

올바르고 정직하여 거짓이 없으며
뜻과 생각이 견고하다.

質直柔忍 질직유인

質直柔忍　慈下恭上 질직유인 자하공상
安行是道　孰不愛敬 안행시도 숙불애경

본 바탕이 검박하고 곧아 유연하여 참을 줄 알고 자비심으로 아랫사람을 보살피고 윗사람을 공경하면서 안정되게 수행하면 이것이 도다. 누가 이런 사람을 사랑하고 공경하지 않겠는가.

此經 차경

此經　是諸佛 차경 시제불
秘要之藏　不可分布 비요지장 불가분포
妄授與人 망수여인

이 경은 모든 부처님의 비요지장(秘要之藏)이라, 분포(分布)해서 함부로 사람에게 주지 말지니. 〈법사품〉

此經難持 차경난지

此經難持　若暫持者 차경난지 약잠지자
我則歡喜　諸佛亦然 아즉환희 제불역연

이 경은 가지기가 어려움이니 만일 잠깐이라도 가지는 자면 내가 곧 즐거워하며 모든 부처님도 또한 그러함이니라. 〈견보탑품〉

此經能救 차경능구

此經能救　一切衆生者 차경능구 일체중생자
此經能令　一切衆生 차경능령 일체중생
離諸苦惱 이제고뇌
此經能大饒益 차경능대요익
一切衆生充滿其願 일체중생충만기원
如淸凉池能滿 여청량지능만
一切諸渴乏者 일체제갈핍자
如寒者得火 여한자득화
如裸者得衣 여라자득의
如商人得主 여상인득주
如子得母　如渡得船 여자득모 여도득선
如病得醫　如暗得燈 여병득의 여암득등

如貧得寶　如民得王　　여빈득보 여민득왕
如賈客得海　　여가객득해
如炬除暗　此法華經　　여거제암 차법화경
亦復如是　能令衆生　　역부여시 능령중생
離一切苦　一切病痛　　이일체고 일체병통
能解一切生死之縛　　능해일체생사지박

이 경은 능히 일체 중생을 구하느니라. 이 경은 능히 일체 중생으로 하여금 모든 고뇌를 여의게 하며, 이 경은 능히 일체 중생을 크게 요익하고 그 원을 충만하게 하느니라. 청량한 못이 능히 일체의 목마른 자를 채워줌과 같이, 추운 자가 불을 얻음과 같이, 벗은 자가 옷을 얻음과 같이, 장사하는 사람이 주인을 얻은 것과 같이, 아들이 어머니를 만남과 같이, 나루에서 배를 얻음과 같이, 병든 사람이 의원을 얻음과 같이, 어두운 밤에 등불을 얻음과 같이, 빈한한 자가 보배를 얻음과 같이, 백성이 어진 왕을 얻음과 같이, 장사하는 길손이 바다를 얻은 것과 같이, 횃불이 어두움을 제함과 같이, 이 법화경도 또한 이와 같이 능히 중생으로 하여금 일체의 괴로움과 일체의 병통을 여의고 능히 일체의 생사의 얽힘을 끊느니라.

〈약왕보살본사품〉

此經則爲 차경즉위

此經則爲　閻浮提人　차경즉위 염부제인
病之良藥　若人有病　병지양약 약인유병
得聞是經　病則消滅　득문시경 병즉소멸
不老不死　　불로불사

이 경이 곧 이 염부제 사람들 병에 좋은 약이니라. 만일 사람이 병이 있으매 이 경을 얻어 들으면 병은 곧 소멸하고 늙지 않고 죽지 않으리라. 〈약왕보살본사품〉

此輩罪根 차배죄근

此輩罪根深重 차배죄근심중
及增上慢　未得謂得 급증상만 미득위득
未證謂證 미증위증

이 무리는 죄근(罪根)이 깊고 무거우며 거만하여 아직 얻지 못함을 이미 얻었다 생각하며 아직 증득치 못함을 이미 증득하였다 생각함이라. 〈방편품〉

此法華經 차법화경

此法華經　是諸如來 차법화경　시제여래
第一之說　於諸說中 제일지설　어제설중
最爲甚深　末後賜與 최위심심　말후사여
如彼强力之王 여피강력지왕
久護明珠　今乃與之 구호명주　금내여지
文殊師利　此法華經 문수사리　차법화경
諸法如來　秘密之藏 제법여래　비밀지장
於諸經中　最在其上 어제경중　최재기상
長夜守護　不妄宣說 장야수호　불망선설

始於今日　乃與汝等 시어금일　내여여등
而敷演之 이부연지

문수사리야, 이 법화경은 모든 부처님 여래의 비밀히 감추어 두었던 바니, 모든 경 가운데서 가장 그 위에 있음이라. 오랜 세월에 수호해서 함부로 선설하지 아니하였다가 비로소 오늘에야 너희들에게 주어 이를 널리 펴게 하노라. 〈안락행품〉

此法華經 차법화경

此法華經　能令衆生 차법화경 능령중생
至一切智　一切世間 지일체지 일체세간
多怨難信　先所未說 다원난신 선소미설
而今說之 이금설지

이 법화경이 능히 중생으로 하여금 일체지(一切智)에 이르게 하여, 일체 세간에서 원망이 많아 믿기 어려워서 먼저 설하지 못한 바를 지금에야 이를 설함이니라.
〈안락행품〉

此寶塔中 차보탑중

此寶塔中有如來全身
乃往過去東方無量千萬億阿僧祇世界
國名寶淨

차보탑중유여래전신
내왕과거동방무량천만억아승지세계
국명보정

이 보탑 중에 여래의 전신이 계심이라 저 먼 과거 동방 무량천만억아승지세계를 지난 나라를 보정이라 한다.

此實我子 차실아자

此實我子　我實其父 차실아자 아실기부
今我所有　一切財物 금아소유 일체재물
皆是子有 개시자유

이는 실로 나의 아들이요 나는 실로 그의 아버지라, 지금 나의 소유인 일체의 재물은 다 이 아들의 소유이다.
〈신해품〉

此二子者 차이자자

此二子者是我善知識 차이자자시아선지식
爲欲發起宿世善根饒益 위욕발기숙세선근요익
我故來生我家 아고래생아가

이 두 아들은 나의 선지식입니다. 숙세의 선근을 다시 일으켜서 나를 요익하게 하고자 나의 집에 와서 태어난 것입니다.

懺悔法者 참회법자

懺悔法者　但當正心　참회법자 단당정심
不謗三寶　不障出家　불방삼보 부장출가
不爲梵行人　作惡留難　불위범행인 작악유난

참회하는 법이라 함은, 다만 마땅히 올바른 마음으로 삼보를 비방하지 말 것이며, 출가하는 사람을 막지 말 것이며, 맑은 행을 행하는 사람을 위하고 박해하지 말 것이다.

〈관보현보살행법경〉

天鼓[119] 천고

天鼓自然鳴 천고자연명

하늘북은 저절로 울린다.

〈法華經 方便品〉

天人所供養 천인소공양

天人所供養 천인소공양
現在十方佛 현재시방불
其數如恒沙 기수여항사
出現於世間 출현어세간

119) 하늘북은 억지로 치는 것이 아니다. 저절로 울리면 인간의 욕망과 거만, 어리석음이 모두 없어진다.

安穩衆生故 안온중생고
亦說如是法 역설여시법
知第一寂滅 지제일적멸
以方便力故 이방편력고
雖示種種道 수시종종도
其實爲佛乘 기실위불승
知衆生諸行 지중생제행
深心之所念 심심지소념
過去所習業 과거소습업
欲性精進力 욕성정진력
及諸根利鈍 급제근리둔
以種種因緣 이종종인연
譬喩亦言辭 비유역언사
隨應方便說 수응방편설

하늘사람 공양받는 시방세계 부처님들 항하강의 모래처럼 인간세상 출현하사 중생들을 편케하려 법화경을 설하시니 적멸법이 제일인줄 알면서도 방편으로 가지가지 길보이나 일불승을 위함이라 중생들의 모든행과 마음속에 생각함과 지난세상 익힌업과 욕심성질 정진력과 여러가지 근기알아 가지가지 인과연과 여러가지 사연비유 방편따라 설하니라

〈법화경 서품〉

天人所奉尊 천인소봉존

天人所奉尊 천인소봉존

適從三昧起 적종삼매기
讚妙光菩薩 찬묘광보살
汝爲世間眼 여위세간안
一切所歸信 일체소귀신
能奉持法藏 능봉지법장
如我所說法 여아소설법
唯汝能證知 유여능증지
世尊旣讚歎 세존기찬탄
令妙光歡喜 영묘광환희

천인공경 받는세존 삼매에서 일어나서 묘광보살 칭찬하되 너는세상 눈이되어 모든중생 귀의처니 이법장을 받들어라 내가설한 모든법을 그대만이 능히알리 부처님이 칭찬하니 묘광보살 기뻐하네 〈법화경 서품〉

天諸童子 천제동자

天諸童子　以爲給使 천제동자 이위급사
刀杖不加　毒不能害 도장불가 독불능해
若人惡罵　口則閉塞 약인악매 구즉폐색
遊行無畏　如師子王 유행무외 여사자왕
智慧光明如日之照 지혜광명여일지조

하늘의 모든 동자가 위하여 시봉하리라. 칼과 막대기로 때리지 못하며 독(毒)도 능히 해치지 못하며 만일 사람이 미워하여 꾸짖으면 입이 곧 막히리라. 언제나 두려움 없음이 사자왕과 같고 지혜의 광명은 해가 비침과 같으리라.
〈안락행품〉

千幸萬幸[120] 천행만행

人生難得　佛法難逢 인생난득　불법난봉
盲龜偶木　投針芥子 맹구우목　투침개자

인생은 만나기 어렵고
불법도 만나기 어렵다.
눈먼 거북이 뗏목 만나듯
개자에게 바늘 던지듯
〈法華文句〉

請法偈[121] 청법게

此經甚深意 차경심심의
大衆心渴仰 대중심갈앙
唯願大法王 유원대법왕
廣爲衆生說 광위중생설

이 경의 깊고 깊은 뜻을
대중들이 목말라 기다리고 있사오니
오직 원컨대 대법왕께서는
널리 중생을 위해 설법해주십시오.
〈釋門儀範〉

120) 불법을 만난 것이 얼마나 다행한가를 밝힌 글
121) 누구나 법을 청할 때는 청법게를 외운다.

請法四行[122] 법을 청할 때

供養恭敬　尊重讚歎 공양공경 존중찬탄

존중, 공경, 공양하고 찬탄한다. 〈法華經 序品〉

草木枝葉[123] 초목지엽

草木叢林　枝葉茂盛 초목총림 지엽무성
果實生長　萬物咸樂 과실생장 만물함락

초목총림에
지엽이 무성하면
과실이 생장하여
만물이 다 즐긴다. 〈法華經 藥草喩品〉

初說三乘 초설삼승

初說三乘　引導衆生 초설삼승 인도중생
然後　但以大乘 연후 단이대승
而度脫 이도탈

처음 三승을 설하여 중생을 인도한 연후에 오로지 대승으로써 제도하며 해탈하게 함이라. 〈비유품〉

---

122) 누구나 이 네 가지 행을 실천하는 사람은 의식과 명예, 사랑이 충만해 진다.
123) 약초의 비유로써 불법을 밝히다.

最後身 최후신

生分已盡　梵行已立 생분이진 범행이립
所作已辦　不受後有 소작이판 불수후유

금생의 삶을 마치고
범행을 닦아
지은 바를 판단
다시는 몸을 받지 않는 사람이다. 〈法華經 序品〉

出入生死 출입생사

出入生死　無怖畏想 출입생사 무포외상

생사에 나고 들고 할지라도 겁나고 두려운 생각이 없으리라. 〈무량의경 十공덕품〉

充潤一切 충윤일체

充潤一切　枯槁衆生 충윤일체 고고중생
皆令離苦　得安穩樂 개령리고 득안온락
及涅槃樂 급열반락

메마른 일체 중생을 충족케 하며 윤택케 하고 모든 괴로움을 여의게 하며 안온함과 세간락과 열반락을 얻게 하노라. 〈약초유품〉

親無數佛 친무수불

親無數佛所學 친무수불소학
之深行無量道 지심행무량도
所造之深勇猛 소조지심용맹
精進建志之深 정진건지지심
名稱普聞積德 명칭보문적덕
之深成就深法 지심성취심법
所證之深隨宜 소증지심수의
所說方便之深 소설방편지심

수없는 부처님을 친근하는 것은 배움을 깊이 하는 것이고
헤아릴 수 없는 도법을 행하는 것은 창조적 깊음이며,
용맹스럽게 정진하는 것은 뜻을 세워 깊이 하는 것이고
이름이 널리 알려지는 것은 덕이 쌓여 깊어진 것이며,
헤아릴 수 없는 법을 성취하는 것은 깨달음을 깊이 하는
것이고
근기 따라 설하는 것은 방편을 깊이 하는 것이다.

蕩子歸鄕[124] 탕자가 고향에 돌아오다

譬如童子幼稚識 비여동자유치식
捨父逃逝遠他國 사부도서원타국
周流諸國五十年 주유제국오십년
方歸門前見長者 방귀문전견장자

124) 부모를 떠난 고아의 신세를 구도자의 모습에 비유해 설한 것이다.

逃走四方遊離行 도주사방유이행
方便使者歸家後 방편사자귀가후
除糞定價生活後 제분정가생활후
大獲珍寶及舍宅 대획진보급사택
歡喜踊躍未曾有 환희용약미증유
此是長者窮兒喩 차시장자궁아유

비유하면 유치하여 무식한 동자가
아버지를 버리고 멀리 타국에 가서
두루 여러 나라를 50년 동안 돌아다니다가
바야흐로 문 앞에 이르러 장자를 보고
사방으로 돌아다니며 떨어져 있다가
방편으로 보낸 사자를 따라 집에 돌아와
똥을 치고 가격을 받아 생활하다가
큰 집과 진보를 얻어
환희용약하니 일찍이 있지 못한 일이다.
이것이 장자궁아유이다. 〈法華經 長子窮兒喩〉

通教菩薩[125) 통교보살

專心佛道　常行慈悲 전심불도 상행자비
自知作佛　決定無疑 자지작불 결정무의

오로지 불도를 닦아
항상 자비를 실천하며
결정적으로 성불할 것을 알아
의심이 없는 사람이다. 〈法華經 序品〉

125) 통교보살은 소 · 대승에 다 통하는 자리이타에 충만한 보살들이다.

通達無礙[126] 통달무애

究盡明了　通達無礙 구진명료 통달무애

끝까지 분명히 밝혀 알면
4통5달 걸림이 없게 된다. 〈法華文句〉

破諸癡暗 파제치암

破諸癡暗 파제치암

모든 어리석음과 어둠을 지혜광명으로 파한다.

平等無私[127] 평등무사

平等之慈　天地無私 평등지자 천지무사

평등한 사랑은 하늘 땅과 같다. 〈法華經 藥草喩品〉

彼佛法中 피불법중

彼佛法中有王 피불법중유왕
名妙莊嚴　其王夫人 명묘장엄 기왕부인
名曰淨德 명왈정덕

---

126) 무애를 통달한 사람은 무엇에도 걸리지 않는다.
127) 하늘과 땅, 불법은 절대 평등이다.

有二子一名淨藏 유이자일명정장
二名淨眼 이명정안

그 부처님의 법 가운데에 왕이 있었으니 이름이 묘장엄이라. 그 왕의 부인은 정덕이며 두 아들이 있으니, 첫째는 정장이요 둘째는 정안이라.

彼時四衆 피시사중

彼時四衆 피시사중
輕賤我故　二百億劫 경천아고 이백억겁
常不値佛 상불치불
不聞法不見僧 불문법불견승
千劫於阿鼻地獄 천겁어아비지옥
受大苦惱 수대고뇌

그때, 사중의…나를 가벼이 하고 천대한 까닭에 이백억겁에 항상 부처님을 친견하지 못하고 법을 듣지 못하고, 스님을 만나지 못하였으니, 천겁을 아비지옥에서 큰 고뇌를 받았느니라.

彼諸衆生 피제중생

彼諸衆生 피제중생
聞虛空中聲已 문허공중성이
合掌向娑婆世界 합장향사바세계

作如是言 작여시언
南無釋迦牟尼佛 나무석가모니불
南無釋迦牟尼佛 나무석가모니불

저 모든 중생이 허공 가운데서 나는 소리를 듣고 사바세계를 향하여 합장하고 이와 같이 말을 하되 나무석가모니불 나무석가모니불 하였다. 〈여래신력품〉

何況一心 하황일심

何況一心聽說讀誦 하황일심청설독송
而於大衆爲人 이어대중위인
分別如說修行 분별여설수행

어찌, 하물며 일심으로 듣고 설하고 독송하고 대중에서 남을 위해 분별하여 설하고 같이 수행함이야

喝燈偈 할등게

達磨傳燈爲計活 달마전등위계활
祖師秉燭作家風 조사병촉작가풍
燈燈相續方不滅 등등상속방불멸
代代流通振祖宗 대대유통진조종

달마스님께서 마음의 등불을 전하여 꺼지지 않게 하시니 조사들이 더욱 밝혀 가풍을 형성했습니다.

등불과 등불이 계속해서 꺼지지 아니하니
대대로 유통하여 조종을 이루고 있습니다.

〈釋門儀範 上 靈山作法〉

合掌以敬心 합장이경심

合掌以敬心 합장이경심
欲聞具足道 욕문구족도

합장하고 공경하는 마음으로 구족(具足)한 도를 듣고자 하나이다.

〈방편품〉

合掌向娑婆 합장향사바

合掌向娑婆 합장향사바
世界作是言 세계작시언
南無釋迦牟尼佛 나무석가모니불
南無釋迦牟尼佛 나무석가모니불
於是 十方世界 어시 시방세계
通達無礙 如一佛土 통달무애 여일불토

법계의 중생들은 합장하고 사바세계를 향해 나무석가모니불 나무석가모니불하고 귀명(歸命)하였다.
이 때 시방 세계는 통달해서 걸림이 없는 한 불국토와 같음이라.

〈여래신력품〉

香風時來 향풍시래

香風時來　吹去萎華 향풍시래 취거위화
更雨新者 경우신자

향기로운 바람이 때를 맞춰 불어 와서 말라 시들은 꽃을
불어 버리고 다시 새로운 꽃을 내린다 〈화성유품〉

獻座偈[128)] 헌좌게

妙菩提座勝莊嚴 묘보리좌승장엄
諸佛座已成正覺 제불좌이성정각
我今獻座亦如是 아금헌좌역여시
自他一時成佛道 자타일시성불도

모든 부처님께서 먼저 앉아 깨달으신 것같이
묘한 깨달음의 자리를 거룩하게 꾸며서
부처님께 올리오니
나와 남이 일시에 불도를 이루게 하옵소서. 〈釋門儀範〉

慧光照無量 혜광조무량

慧光照無量 혜광조무량
久修業所得 구수업소득
智者勿生疑 지자물생의

128) 부처님께 자리를 드리는 게송

佛語實不虛 불어실불허

지혜의 광명을 한량없이 비치는 것은
오랫동안 업을 닦아 얻은 것이니
지혜 있는 자는 의심을 내지 말라.
부처님의 말씀은 진실이고 헛됨이 없느니라.

慧光照無量 혜광조무량

慧光照無量 혜광조무량
壽命無數劫 수명무수겁

지혜의 광명으로 한량없이 비치되
수명이 수없는 겁이니라.

慧日大聖尊 혜일대성존

慧日大聖尊 혜일대성존
久乃說是法 구내설시법
自說得如是 자설득여시
力無畏三昧 역무외삼매
禪定解脫等 선정해탈등
不可思議法 불가사의법
道場所得法 도량소득법
無能發問者 무능발문자

태양같이 밝은지혜 거룩하신 세존께서 오랜만에 이가르침 기쁨으로 설하시네 이와같은 열가지힘 네가지의 두려움이 전혀없는 무소외와 깊은삼매 적멸선정 해탈법과 불가사의 크신법을 얻었지만 붓다가야 보리수의 도량에서 얻은진리 묻는사람 하나없고 〈법화경 서품〉

護法龍王[129] 호법용왕

難陀龍王跋難陀 난타용왕발난타
娑伽羅龍和修吉 사가라용화수길
德叉迦王阿那婆 덕차가왕아나바
摩那斯龍優鉢羅 마나사용우발라

기쁨 속의 난타용왕
어진 마음 발난타용왕
바다 속의 사가라용왕
머리 많은 화수길용왕
독이 있는 덕차가용왕
아뇩달 속 아나바달다용왕
몸이 큰 마나사용왕
푸른 연못 속의 우발라용왕 〈法華經 序品〉

護法天人[130] 법을 옹호하는 천인들

釋提桓因月天子 석제환인월천자

129) 용왕은 때에 따라 비를 내려 만물을 흡족하게 하는 신장으로 백천권속을 거느리고 있다.
130) 호법천인은 법화경을 설할 때 모여온 천인들을 말한다.

普香普光四天王 보향보광사천왕
自在大自梵天王 자재대자범천왕
尸棄光明與其屬 시기광명여기속

도리천왕 제석천
달을 맡은 월천자
별을 맡은 보향천
해를 맡은 보광천
동서남북 사천왕
화락천왕 자재천
타화천왕 대자재
색계초선 대범천
사바계주 시기범
이선삼광(二禪三光) 광명천

〈法華經 序品〉

號日月燈明 호일월등명

號日月燈明 如來應供 호일월등명 여래응공
正徧知 明行足 정변지 명행족
善逝 世間解 無上士 선서 세간해 무상사
調御丈夫 天人師 조어장부 천인사
佛世尊 演說正法 불세존 연설정법
初善中善後善 초선중선후선
其義深遠 其語巧妙 기의심원 기어교묘
純一無雜 순일무잡
具足淸白梵行之相 구족청백범행지상
爲求聲聞者 위구성문자

說應四諦法 설응사체법
度生老病死究竟涅槃 도생노병사구경열반
爲求辟支佛者 위구벽지불자
說應十二因緣法 설응십이인연법
爲諸菩薩說應六波羅密 위제보살설응육바라밀
令得 영득
阿耨多羅三藐三菩提 아뇩다라삼먁삼보리
成一切種智 성일체종지

일월등명이시며

① 진리를 몸으로 나타내신 여래(如來)이시며
② 세상의 모든 사람들로부터 공양을 받으실 수 있는 훌륭한 응공(應供)이시며
③ 지혜가 참되어 모든 것을 정확히 보시는 정변지(正遍知)이시며
④ 지혜와 덕행을 고루 갖추신 명행족(明行足)이시며
⑤ 일체의 미혹을 여의신 선서(善逝)이시며
⑥ 모든 경우를 뚜렷이 분별하시는 세간해(世間解)이시며
⑦ 위없이 완전한 인격자이신 무상사(無上士)이시며
⑧ 모든 생명체를 뜻대로 가르치시고 인도하는 조어장부(調御丈夫)이시며
⑨ 천상계와 인간계의 지도자이신 천인사(天人師)이시며
⑩ 완전한 깨달음을 여신 부처님이시며 이 세상에서 가장 거룩하신 불세존(佛世尊)이었느니라.

그 부처님께서는 세상 모든 사람들을 위해 가장 올바른 정법을 설하시니 처음도 중간도 끝도 다 정법인지라, 그 뜻은 매우 깊고 그 말씀은 오묘하며 한결같아서 그릇됨과 잡됨이 없고, 맑고 깨끗한 행실의 상을 갖추시었느니라.

성문을 구하는 사람에게는 사제법을 설하시어 나고·늙고·병들고·죽는 것을 건너서 해탈 열반에 이르게 하시고, 벽지불을 구하는 사람에게는 십이 인연법인 무명·행·식·명색·육입·촉·수·애·취·유·생·노사를 설하시어 모든 중생의 과거·현재·미래에 걸친 인과를 밝혀 주셨으며, 모든 보살을 구하는 이에게는 보시·지계·인욕·정진·선정·지혜의 육바라밀을 설하시어 위없이 높고 바른 깨달음을 얻어서 부처님의 지혜를 성취케 하셨느니라.

〈법화경 서품〉

或見菩薩 혹견보살

或見菩薩　觀諸法性 혹견보살 관제법성
無有二相　猶如虛空 무유이상 유여허공
又見佛子　心無所着 우견불자 심무소착
以此妙慧　求無上道 이차묘혜 구무상도

다시보니 여러보살 법의성품 허공같아 두모양이 없는줄을 진실하게 관찰하며 다시보니 어떤불자 집착하는 마음없이 밝고맑은 지혜로써 부처님길 구하더라 〈법화경 서품〉

或說己身 혹설기신

或說己身　或說他身 혹설기신　혹설타신
或示己身　或示他身 혹시기신　혹시타신
或示己事　或示他事 혹시기사　혹시타사
諸所言說　皆實不虛 제소언설　개실불허

혹은 자기의 몸을 설하고 혹은 타인의 몸을 설하며, 혹은 자기의 몸을 보이고, 혹은 타인의 몸을 보이며, 혹은 자기의 일을 보이고, 혹은 타인의 일을 보이느니라. 모든 말은 다 참되고 허망됨이 없느니라. 〈여래수량품〉

或有阿練若 혹유아연약

或有阿練若 혹유아연약
納衣在空閑 납의재공한
自謂行眞道 자위행진도
輕賤人間者 경천인간자

혹은 산중이나 한가로운 곳에서 누더기 옷을 입고 한가로이 있어, 스스로 진실한 도를 행한다 생각하고 사람들을 가벼이 업신여기는 자가 있다.

或有諸比丘 혹유제비구

或有諸比丘 혹유제비구
在於山林中 재어산림중
精進持淨戒 정진지정계
猶如護明珠 유여호명주
又見諸菩薩 우견제보살
行施忍辱等 행시인욕등
其數如恒沙 기수여항사
斯由佛光照 사유불광조

又見諸菩薩 우견제보살
深入諸禪定 심입제선정
身心寂不動 신심적부동
以求無上道 이구무상도
又見諸菩薩 우견제보살
知法寂滅相 지법적멸상
各於其國土 각어기국토
說法求佛道 설법구불도

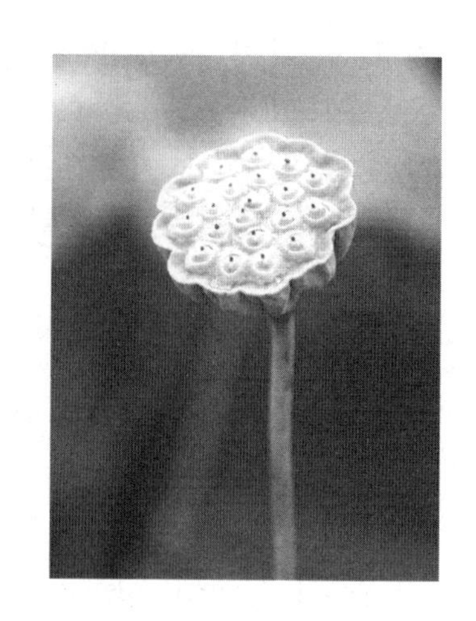

또한여러 비구들이 산림속에 있으면서 정진하여 지킨계행 밝은구슬 보호하듯 혹은보니 여러보살 보시하고 인욕하는 그숫자가 많고많아 항하강의 모래같아 부처님의 광명으로 그모두를 보게되네 다시보니 여러보살 모든선정 깊이들어 몸과마음 고요하여 깨달음을 구하오며 혹은보니 여러보살 적멸한법 잘알아서 그국토에 설법하여 깨달음을 구하시네

〈법화경 서품〉

火宅以是 화택이시

火宅以是而出離 화택이시이출리
寶所以是而前進 보소이시이전진

화택에서 일승으로서 탈출케 하고
보배가 있는 곳으로 전진케 하여 얻게 한다

回向頌[131] 회향송

直信直行　廣宣流布 직신직행 광선유포
三德具足　圓滿回向 삼덕구족 원만회향

바로 믿고, 바로 실천하여 널리 펴서 유통하면
3덕을 구족 원만히 회향하게 된다. 〈法華文句〉

131) 회향할 때 마지막으로 외우는 글귀

丘堂 呂元九 先生 作品

妙法蓮華經 (三) 묘법연화경 (3)

萬善之豊田 만선지풍전
長遠之神藥 장원지신약

만선의 풍요한 밭이고
영원한 생명의 신약이다. 〈日. 聖德太子 法華義疏〉

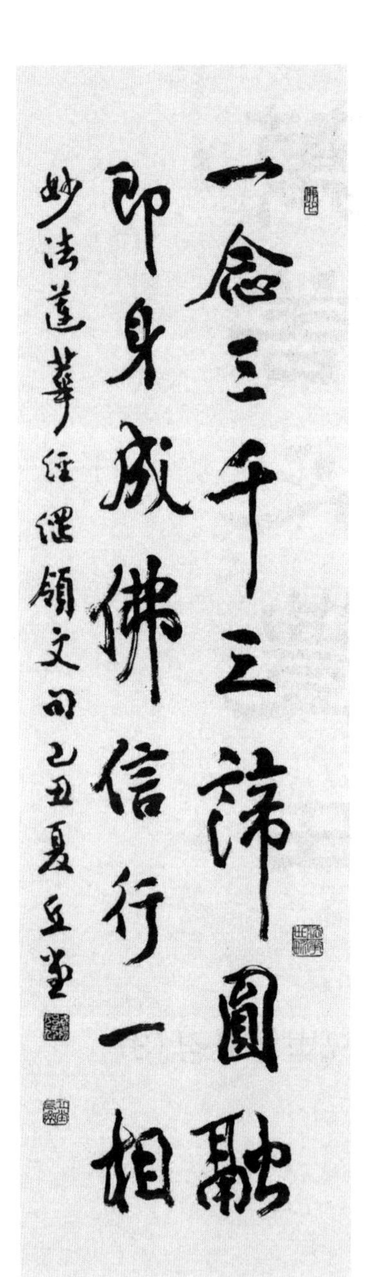

信行一相 신행일상

一念三千　三諦圓融
일 념 삼 천　삼 제 원 융

卽身成佛　信行一相
즉 신 성 불　신 행 일 상

한 생각에 3천대천세계가 다 들어있고
공·가·중 3제가 원융하니
이 몸으로 바로 성불하여
믿음과 행이 한결같이 이루어진다.

〈妙法綱領文〉

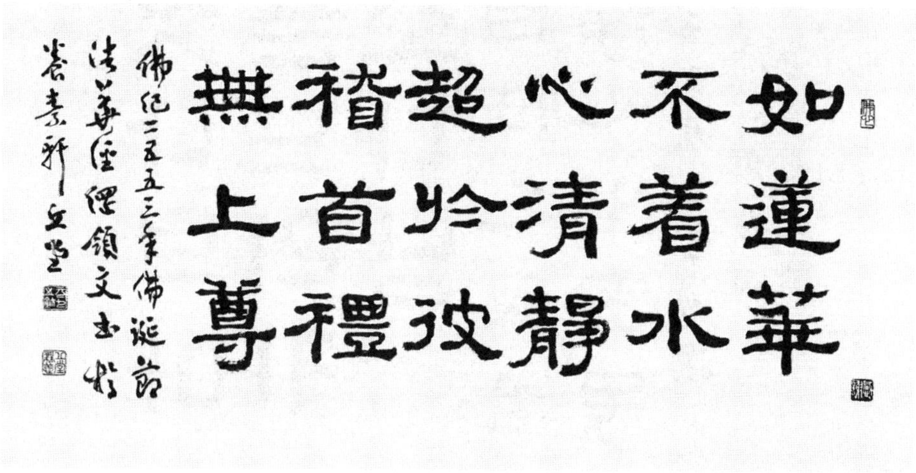

無上尊 무상존

如蓮華　不着水 여연화 불착수
心淸淨　超於彼 심청정 초어피
稽首禮　無上尊 계수례 무상존

연꽃처럼 물듦이 없이
항상 그렇게 마음이 깨끗하신
무상존 부처님께 귀의합니다.

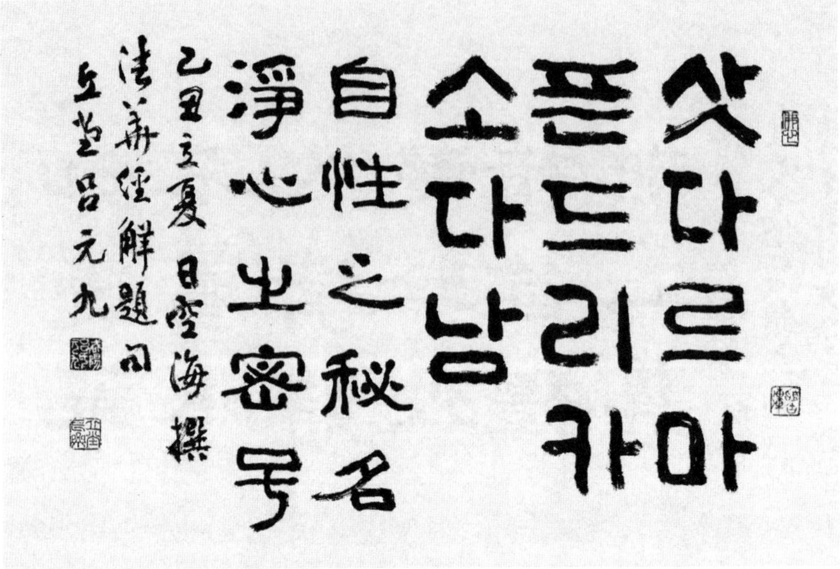

妙法蓮華經 (一) 묘법연화경 (1)

薩達摩奔茶利迦蘇多覽 살달마분다리가소다람

सद–धरम–पणडऋक–सऊतर

sad–dharma–pundarika–sutram

自性之秘名 淨心之密號 자성지비명 정심지밀호

인도말로
'삿다르마 픈다리카 소다남' 인데
자기 성품의 비명이고
깨끗한 마음의 밀호이다. 〈日. 空海撰 法華經解題〉

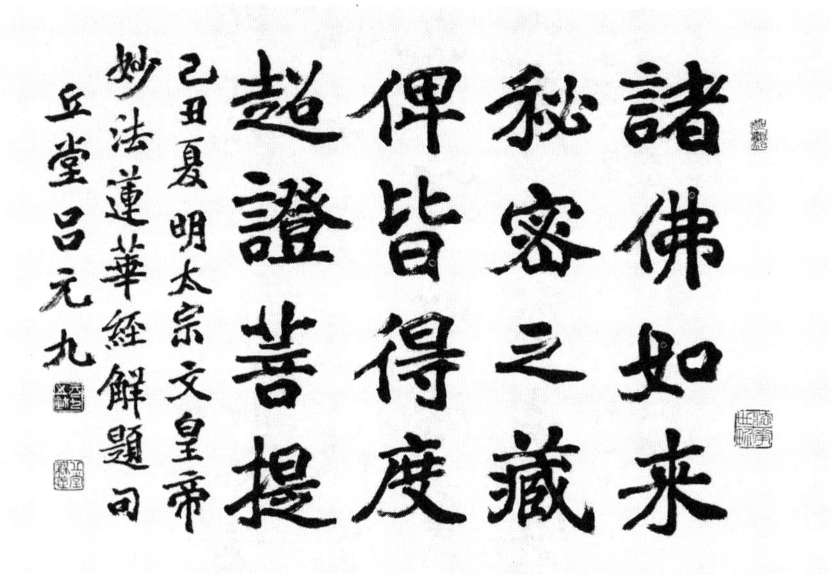

妙法蓮華經 (二) 묘법연화경 (2)

諸佛如來秘密之藏 제불여래비밀지장
俾皆得度超證菩提 비개득도초증보리

제불여래의 비밀 창고이므로
이를 의지하면 누구나 깨달음을 얻어 제도될 수 있다.

〈明 太宗 文皇帝〉

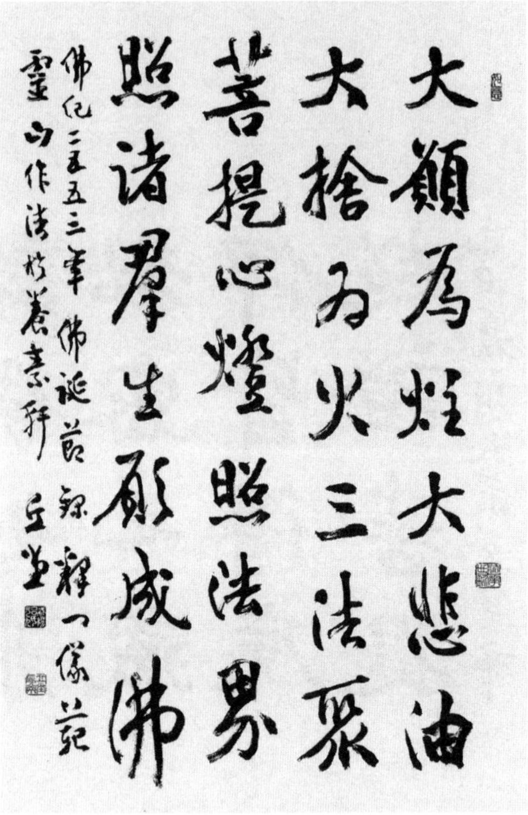

燃燈偈 연등게

大願爲炷大悲油 대원위주대비유
大捨爲火三法聚 대사위화삼법취
菩提心燈照法界 보리심등조법계
照諸群生願成佛 조제군생원성불

대원으로 심지를 삼고 대비로써 기름을 삼고
대사로써 불을 삼아 세 가지를 모아
깨달음의 등불로 법계를 비추면
모든 군생들이 빛 따라 성불한다. 〈釋門儀範 靈山作法〉

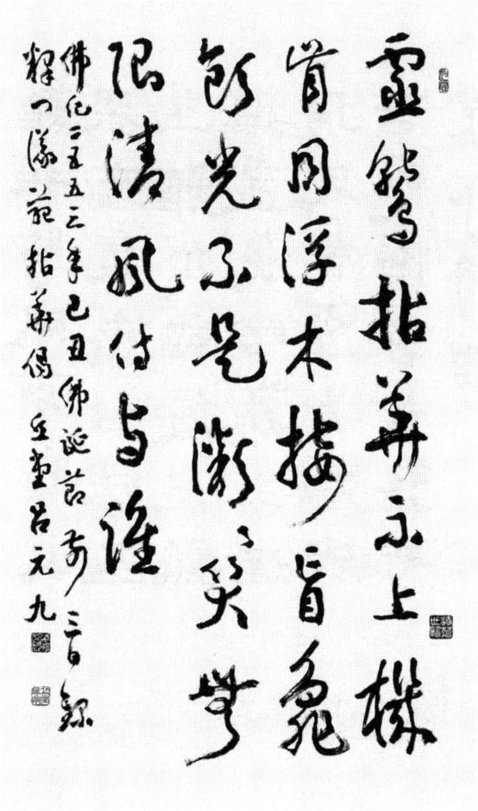

靈鷲偈 영축게

靈鷲拈華示上機 영축염화시상기
肯同浮木接盲龜 긍동부목접맹구
飮光不是微微笑 음광불시미미소
無限淸風付與誰 무한청풍부여수

영축산에서 꽃을 들어 상기에게 보였을 때
구멍 뚫린 뜬 나무에 눈먼 거북 만나듯이
가섭존자 빙긋이 웃지 아니 했다면
한없는 맑은 바람 누구에게 전했으리. 〈釋門儀範 拈華偈〉

外難不侵 외난불침

日月薄蝕難 일월박식난　　星宿變怪難 성수변괴난
過時不雨難 과시불우난　　非時風雨難 비시풍우난
人衆疾疫難 인중질역난　　自界返逆難 자계반역난
他國侵逼難 타국침핍난　　無盡災害難 무진재해난
生老病苦難 생노병고난　　愛別離苦難 애별이고난
怨憎會苦難 원증회고난　　所求不得難 소구부득난

일식 월식의 어려움과 별과 별들의 변화성괴와
때 지난 가뭄. 때 아닌 풍우 갖가지 유행병.
자국에서의 반역난. 타국의 침핍난 등
무진한 재해와 생노병사의 고난과 사랑이 이별하는 고난
원수가 모여 사는 고난. 구하는 것이 잘 되지 않는 등
모든 고통이 다 없어진다.
〈다라니품〉

妙法蓮華經 (四) 묘법연화경 (4)

統諸佛降靈之本致 통제불강영지본치

모든 부처님들이 탄생하게 된 동기를 밝힌 경전이다.

〈中國 唐 終南山 道宣〉

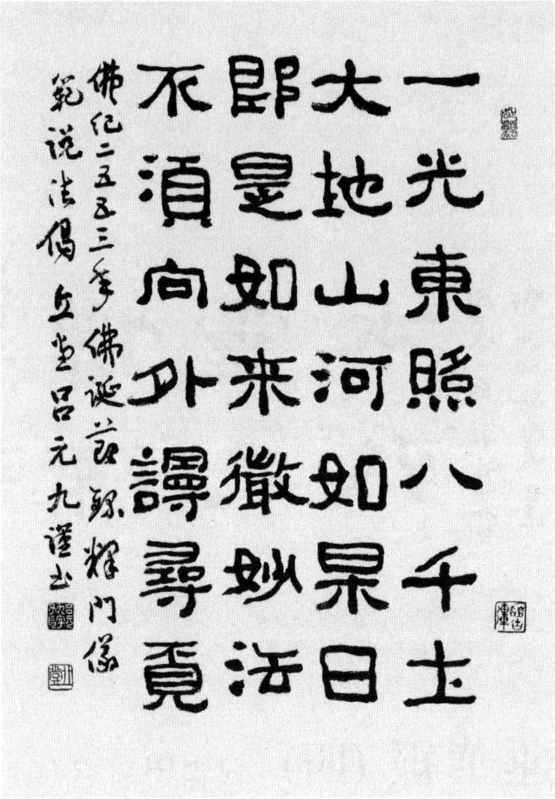

六. 放光瑞 6. 방광서

一光東照八千土 일광동조팔천토
大地山河如杲日 대지산하여고일
卽是如來微妙法 즉시여래미묘법
不須向外謾尋覓 불수향외만심멱

한 빛이 동쪽으로 8천토를 비치니
대지산하가 대낮과 같다.
이것이 바로 여래의 미묘법이니
쓸데없이 밖을 향해 찾지 말라. 〈釋門儀範 說法偈〉

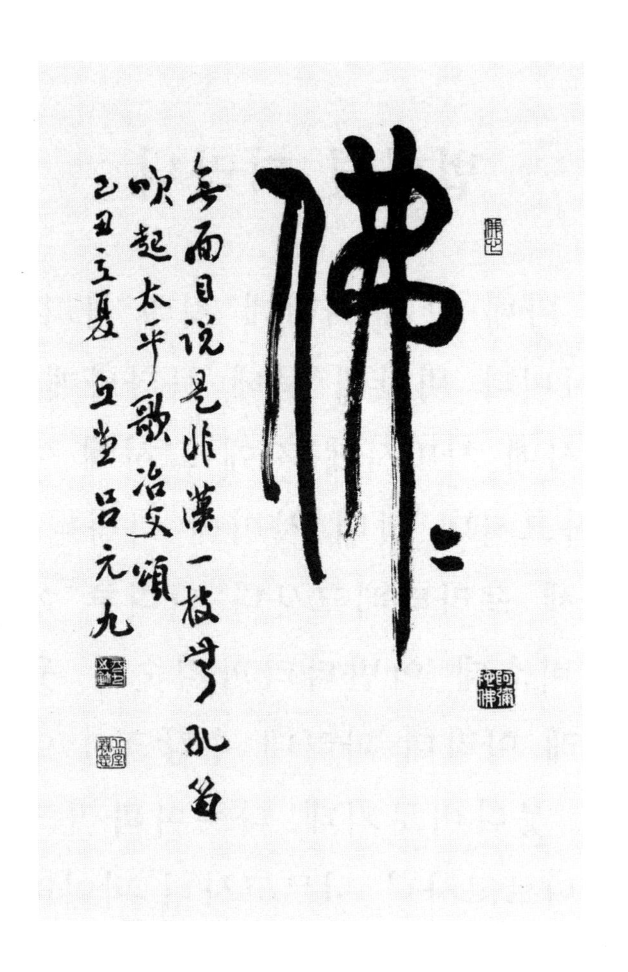

三. 佛佛　3. 부처라는 부처여

無面目說是非漢　무면목설시비한
一枝無孔笛　일지무공적
吹起太平歌　취기태평가

면목이 없어 말하면 그가 아니네.
한 가지 구멍 없는 피리를 불어
태평세계를 노래한다네.　〈治父頌〉

법화경 다라니

아녜 마녜 마네 마마네 칫테 차리테 사메 사미타 비산테 묵테 묵타타메 사메 아비사메 사마사메 자예 크사예 아크사예 아크시네 산테 사미테 다라니 아로카바세 프라타베크사니 니디루 아뱐타라니비스테 아뱐타라파리슛디 웃쿠레 뭇쿠레 아라데 파라데 수캉크시 아사마사메 붓다비로키테 다르마파리크시테 상가니르고사니 니르고사니 바야바야비소다니 만트레 만트라크사야테 루테 루타카우사례 아크사예 아크사야바나타예 박쿠레 바로다 아마냐나타예 스바하 즈바레 마하즈바레 욱케 툭케 묵케 아데 아다바티 느리테 느리탸바티 잇티니 빗

티니 칫티니 느리탸니 느리탸바티 스바하 앗테 탓테 낫테 바낫테 아나데 나디쿠나디 스바하 아가네 가네 가우리 간다리 찬다리 마탕기 푿카시 상쿠레 부루사리 시시 스바하 이티메 이티메 이티메 이티메 이티메 니메 니메 니메 니메 니메 루혜 루혜 루혜 루혜 루혜 스투혜 스투혜 스투혜 스투혜 스투혜 스바하 아단데 단다파티 단다바르타니 단다쿠사레 단다수다리 수다리 수다라파티 붓다파샤네 사르바다라니아바르타니 삼바르타니 상가파리크시테 상가니르카타니 다르마파리크시테 사르바삿바루타카우사랴누가테 심하비크리디테 아누바르테 바르타니 바르타리 스바하

法華經 名句選集

불기 2561년 (서기 2017년) 1월 10일 인쇄
불기 2561년 (서기 2017년) 1월 18일 발행

저　　자　현중 성지

청 정 사　서울시 서초구 능안말길 41 (내곡동 163-2)
http://blog.daum.net/puretemple 다음블로그 속세안테나

감수위원　한정섭
사　　진　현중 성지
서　　예　구당 여원구
총괄기획　이홍연
제　　작　한인수 유대희
원색분해　이문호
디자인편집　모유정
디자인표지　송희진
이화스튜디오　이성연 송현정
마 케 팅　강영선
관　　리　김연수

발 행 처　㈜이화문화출판사
등록번호　제 300-2015-92호
주　　소　서울시 종로구 사직로 10길 17 (내자동 인왕빌딩)
전　　화　02-732-7091～3(구입문의)
홈페이지　www.makebook.net

값 25,000원